ABC –
jeder Buchstabe eine Idee

Heike und Werner Tenta

ABC – jeder Buchstabe eine Idee

Basteln, Spielen, Rätseln, Reimen
rund ums Alphabet
mit Kindern ab 4 Jahren

Inhalt

Vorwort 7

A – Abc-Abenteuerland 8
Abc-Spiele 9
Das Abc-Lied 13

B – Blumen 14
Blühender Kaktus 15
Biene Ina 16
Tulpenbeet 18
Reißbilder 20

C – Clowns 21
Jonglieren 23
Clownwürfeln 26
Clowntruppe Erverado 27

D – Drachen 28
Das Drachenkinderlied 29
Stoffbild 30
Buchstaben-Bingo 32
Drache Fabian und seine Freunde 33

E – Eskimos 34
Abc-Spiele 35
Buchstaben ertasten 36

F – Fasching 38
Fischfutter 39
Faschingsschmuck 40
Namenssuche 44
Der Tanzwurm 45

G – Geister 46
Geisterkanon 49
Moritz, das kleine Gespenst 50
Geisterspuk 52

H – Hexen 54
Hexenlied 55
Die Waldhexe Isebith 56
Hexe Christophera 57

I – Indianer 60
Indianer auf der Jagd 62
Das Indianerschatz-
Spiel 63
Kampf der wilden
Krieger 64
Indianer „Schwarzes
Rabenauge" 65
Kokosnussfiguren 66

J – Jahreszeiten 68
Im Frühjahr 70
Im Sommer 71
Im Herbst 72
Im Winter 73
Der Jahreslauf 74
So vergeht das Jahr 75

K – Kobolde 76
Kobold-Musikkapelle 78

**L – Länder und
Landschaften** 80
Länderball 81
Eine Reise nach China 82
Das Schlaraffenbaum-
spiel 83
Buchstaben weben 85
Buchstabenlandschaft 87

**M – Meister der
Magie** 88
Der Magier Mamuschel 90
Mamuschels Zauberhut ... 91
Zauberspiel mit Buch-
staben 92
Der kleine
Zi-Za-Zauberer 94
Magische Wandtafeln 95

N – Nacht 96
Nacht im Orient 98
Nachtfahrt am Sternen-
himmel 100

O – Ostern 102
Eier marmorieren 104
Serviettenhalter 106
Osterhasen 107

P – Post 108
Der Postschalter 110
Briefpapier gestalten 112
Briefmarken herstellen ... 113

Q – Quiz und Quatsch 114
Verrückte Welt 116
Die Raupe 117

R – Räuber 118
Die Räuberbande
Ratzefatz 119
Wortspiele 120
Auf der Flucht 122
Der Schatz in der
Räuberfestung 123

**S – Spaß in der
Schule** 124
Reimwörter 125
Schwungübungen 126
Buchstaben-Bild-
Collage 128
Der Fehlerfresser 129

**T – Theater, Tänze,
Träume** 130
Handpuppen aus Socken 131
Die Schweinchen-
Hochzeit 132
Der kleine Dinosaurier 134
Schwarzlicht-Vorführung 135

U – Uhren 138
Konzentrationsspiele
mit der Uhr 140
Die Sonnenuhr 142
Zeichnen mit dem „U" 144

V – Vögel 146
Ziep und Piep 147
Wir fliegen in den Süden 149
Vogeldame Violetta 150

W – Weihnachten 152
Weihnachtskarten 153
Fensterschmuck 154
Weihnachtsbäckerei 155
Weihnachtskalender 156
Spiele zur Weihnachtszeit 157

X – Xselsia 158
Der Flug zum Planeten
Xselsia 159
Märchensalat 160
Märchen-Ratespiel 161
Die Weltraumraupe Majo 162
Außerirdischen-
Cocktails 163

Y – Yeti 164
Buchstabenschnipsel-
Spiel 165
Begegnung mit dem
Yeti 166

Z – Zirkus 168
Wir kommen in die
Stadt! 172
Manege frei! 173

Register 174

Vorwort

Dieses Buch wendet sich an alle interessierten Eltern, Großeltern, Erzieher, Lehrer an Grund- und Förderschulen. Es zeigt mit einer Fülle von Ideen rund um das Abc viele Möglichkeiten auf, mit dem Kind zusammen zu arbeiten, es in seinem Spiel-, Lern- und Arbeitsverhalten zu fördern und Hilfen zur Weiterentwicklung zu geben. Kinder lernen am besten durch aktives Handeln in einer stressfreien, heiteren Atmosphäre. Lernstoffe, die mit positiven Erlebnissen verbunden sind, werden von dem Kind besser aufgenommen und haften dadurch auch länger im Gedächtnis. Durch viele verschiedene Tätigkeiten wie Basteln, Singen, Malen, Drucken, Spielen und vielem mehr, werden alle Sinne angesprochen und die ganzheitliche Erziehung des Kindes gefördert. Gerade in der heutigen technisierten Medienwelt gehört die Schulung der Sinne und der ganzheitlichen Wahrnehmung zu den wichtigsten Bestandteilen in der Erziehung und Entwicklung des Kindes.

Zu jedem Buchstaben gibt es Vorschläge für die unterschiedlichsten Tätigkeiten. Jedes Thema kann einzeln erarbeitet und nach Interesse des Kindes verändert werden. Die Vielfalt der Materialien und aufgezeigten Arbeitstechniken geben Eltern, Lehrern und Erziehern eine Fülle von Ideen und Anregungen für die kreative und pädagogisch sinnvolle Beschäftigung und Förderung von Kindern. Dieses Buch setzt dabei keine Fertigkeiten voraus und kann deshalb von allen benutzt werden.
Die Ideen in diesem Buch fördern die Konzentrations-, Unterscheidungs- und Wahrnehmungsfähigkeiten. Sinneserfahrungen werden durch neue und bereits gewonnene Eindrücke verstärkt, geordnet, strukturiert und differenziert. Das Kind findet sich in seiner Umwelt besser zurecht, kann Erfahrungen sammeln und einordnen.
Kinder interessieren sich schon im Kindergartenalter für Buchstaben, Schrift und Leseübungen. Bei Schuleintritt ist das Abc bei den meisten Kindern schon bekannt. Diesem Interesse des Kindes entgegenzukommen, die Aufnahmebereitschaft und Freude an Lernerfahrungen zu fördern und der Verarmung der ganzheitlichen Erziehung entgegenzuwirken, ist das Hauptanliegen dieses Buches.

> Und hier noch ein Hinweis zur Arbeit mit dem Buch: Alle mit diesem farbigen Balken gekennzeichneten Textabschnitte sind zum Vorlesen gedacht.

Die Anleitungstexte für die Bastelarbeiten wenden sich immer direkt an das Kind.

Heike und Werner Tenta

Abc-Abenteuer-Land

Vielseitige, abwechslungsreiche und spielerische Aktivitäten zum Alphabet lassen das Üben und Festigen der Buchstaben für Kinder zum Abenteuer werden. Im zwanglosen Spiel trainiert das Kind seine Sprachfertigkeit, seinen Wortschatz und seine Merkfähigkeit. Im Abc-Abenteuerland erfährt es viele Lerninhalte mit allen Sinnen. Das Kind wird durch Aktionen zum Hören, Sprechen, Tasten, Sehen, Denken, Spielen, Erleben und Handeln rund um die Buchstaben ganzheitlich gefördert.

Lautspiele

Sprache ist kein Lehrstoff, sondern spontanes, lebendiges Geschehen im Alltag. Kinder entwickeln ihre sprachlichen Fähigkeiten durch Zuhören und Nachahmen. Deshalb ist das Vorbild des Erwachsenen besonders wichtig, um das Sprachvermögen des Kindes zu entwickeln und zu fördern. Neben vielen Sprachspielen wie Reimen, Rollenspielen und Singspielen unterstützen Lautspiele die Freude des Kindes an der Erforschung von Sprache. Der Wortschatz wird dabei erweitert und die Aufmerksamkeit des Kindes wird auf Laute gelenkt, die es in seiner Sprache benutzt! Mit diesen Spielen kann schon sehr früh begonnen werden.

Elterntipp:
Der Laut muss bei diesem Spiel auf jeden Fall phonetisch ausgesprochen werden: also „m" nicht „em". Er darf nicht buchstabiert werden und auf Rechtschreibung wird in diesem Fall keine Rücksicht genommen (also: „f" für Fenster und Vogel).

1. Geben Sie dem Kind einen Gegenstand aus seiner Erfahrungs- und Erlebniswelt in die Hand, zum Beispiel eine Spielzeugmaus: „ Ich sehe etwas in deiner Hand, das fängt mit „M" an!" Wenn Sie das Wort „Maus" wiederholen, liegt die Betonung auf dem „M". Wer erfindet dazu noch eine Geschichte?

2. Indem Sie mehrere Gegenstände mit verschiedenen Anfangsbuchstaben auf den Tisch legen, können Sie das Lautspiel für die Kinder schwieriger gestalten.

3. „Ich sehe einen Gegenstand, der mit „U" anfängt und oben im Regal liegt." : Bei dieser räumlichen Erweiterung des Spiels werden zusätzlich Richtungen und Raumlagen (oben – unten, vorne – hinten, rechts – links) geübt.

4. Neben den Anfangsbuchstaben können Sie die Aufmerksamkeit des Kindes auch auf den letzten Buchstaben des Wortes lenken: „Ich sehe einen Gegenstand im Garten, das Wort fängt mit „B" an und hört mit „L" auf!" (Ball)

Abc-Spiele

Aktivitäten mit Spielcharakter sprechen die Kinder an und ermöglichen ein entspanntes, erfolgreiches Lernen. Bei den folgenden Spielen lernen die Kinder Buchstaben kennen und begreifen sie spielerisch mit allen Sinnen.

Material:
26 Spielkartenpaare (aus Karton zugeschnittene Quadrate)
Stoffreste: Frottee, Samt, Jute, Filz, Webpelz o. Ä.
Papierreste: Strukturtapeten, Geschenkpapier, Wellpappe o. Ä.
Bleistift, Schere
Alleskleber oder Tapetenkleister
Pinsel
Plastikdecke als Unterlage
Teilnehmer:
ab 2 Kinder

Abc-Memory

Dieses Gedächtnis- und Tastspiel benötigt etwas Vorbereitungszeit, doch die Mühe lohnt sich, da Kinder begeistert sind von dieser Aufgabe. In dem Gedächtnis- und Tastspiel stecken viele verschiedene Möglichkeiten zur Förderung der Kinder. Über den Tast-, Gehör- und Sehsinn prägen sich die Buchstaben ein. Deshalb ist es wichtig, die Konturen sauber aufzukleben und den Laut phonetisch auszusprechen, also nicht „Ha" sondern „H", nicht „Be" sondern „B"!

1. Suchen Sie für jedes Kartenpaar jeweils die gleichen Materialien aus und schneiden Sie die Papier- oder Stoffreste in dünne Streifen.

2. Schreiben Sie den gewünschten Buchstaben mit Bleistift auf zwei Karten vor und streichen Sie mit einem Pinsel die Linien mit Alleskleber oder Tapetenkleister ein.

3. Den Buchstaben mit dem ausgewählten Material aufkleben und trocknen lassen. Danach die überstehenden Ränder abschneiden – fertig sind die Spielkarten.

Spielregeln

Alle Karten liegen verdeckt auf dem Tisch. Es dürfen nur zwei Karten aufgedeckt werden. Passen die Karten zusammen, darf der Spieler weiter

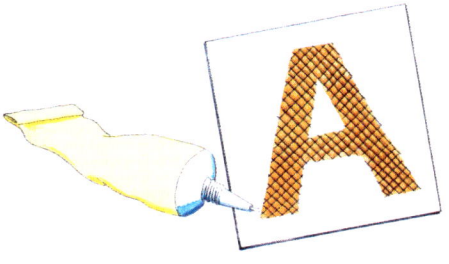

spielen und das Kärtchenpaar behalten. Passen die Karten nicht zusammen, werden sie wieder umgedreht und der nächste Mitspieler ist an der Reihe. Wer die meisten Paare gefunden hat, gewinnt. Die aufgedeckten Buchstaben müssen laut benannt werden, dabei folgt das Kind mit den Schreibfingern den Konturen entlang der Schreibrichtung.

Variante

Mit den Schreibfingern folgt das Kind den Konturen des Buchstabens in Schreibrichtung – die Augen sind dabei geschlossen oder mit einem Tuch verbunden. Wer den Buchstaben erkennt, darf die Spielkarte behalten.

Elterntipp:
Für kleinere Kinder können die Buchstaben auch großflächig auf Karton aufgeklebt werden. Für ältere Kinder kann ein Kartenpaar mit dem Großbuchstaben und passendem Kleinbuchstaben dazu gestaltet werden.

Abc-Collage

Eine wahre Fundgrube für Buchstabencollagen sind Werbeprospekte, Zeitungen, Kataloge und Zeitschriften. Die einzelnen Buchstaben werden dazu ausgesucht und ausgeschnitten. Dabei lernen die Kinder den gedruckten Buchstaben auch in anderen Schriftbildern kennen und üben ihre Fingerfertigkeit beim Ausschneiden und Aufkleben.

1. Zuerst zeichnest du den ausgesuchten Großbuchstaben mit Bleistift auf das Zeichenpapier und malst ihn mit Buntstiften aus. Zeichne jetzt das passende Anlautbild dazu (zum Beispiel: Apfel für A).

2. Aus den Katalogen und Prospekten suchst du dir die richtigen Buchstaben und schneidest sie aus. Danach kannst du die Buchstaben in den Umriss kleben.

Elterntipp:

Wenn die Kinder dazu ein Bild mit passenden Anfangsbuchstaben (Anlautbild), zum Beispiel A für Apfel oder Ameise, B für Blume oder Baum bekleben, entstehen dabei Lautspiele. Auf diese Weise kann so nach und nach das gesamte Abc gestaltet und im Kinderzimmer aufgehängt werden.

Material:
**festeres
Zeichenpapier
Bleistifte
Farbstifte
Kataloge, Zeitungen,
Prospekte,
Zeitschriften
Schere, Klebstoff**

Abc-Legespiel

Aus vielen verschiedenen Materialien und Gegenständen lässt sich das Alphabet sehr anschaulich darstellen. Werden zum Anfangsbuchstaben die passenden Gegenstände gefunden, macht es viel Spaß, zusammen mit den Kindern den jeweiligen Buchstaben zu legen, zum Beispiel aus Geldstücken das „G", aus Blumen das „B" usw.

Variante

Alle Buchstaben, für die Sie gemeinsam mit dem Kind ein passendes Material gefunden haben, können Sie aufkleben oder aufmalen. So kann ein sehr interessanter Abc-Wandschmuck entstehen.

Mögliche Beispiele:

A: Ast, Alufolie, Armbänder
B: Blumen, Bast, Bonbon, Blätter
C: Chips
D: Draht, Dreiecke, Deckel
E: Erbsen, Efeu
F: Federn, Farbstifte
G: Gras, Gummibärchen, Geldstücke
H: Holzstücke, Halme, Heu
I: Ingwer
J: Jute, Johannisbeeren
K: Kordel, Kieselsteine, Knöpfe
L: Linsen, Legosteine
M: Moos, Murmeln
N: Nüsse, Nägel, Nugatstücke
O: Orangen, Oliven
P: Pelzreste, Pfefferkörner, Papier
Q: Quasten, Quadrate, Quark
R: Rinde, Rosinen, Reis
S: Sand, Steine, Samt, Seile
T: Teig, Ton, Tomaten
U: Uhubild (siehe Seite 145)
V: Vanilleeis, Vogelsand
W: Wolle, Watte
Z: Zweige, Zucker, Zwiebel

Elterntipp:

Besonders viel Spaß macht es den Kindern sicher, wenn der Buchstabe aus Essbarem gelegt oder geformt wird, zum Beispiel Gummibärchen für das „G", Nugatstücke für das „N", Teig für das „T". Natürlich sollten kleine Kinder die Buchstaben unter Aufsicht legen und darauf hingewiesen werden, was wirklich essbar ist. Bevor gefährliche Materialien benutzt werden, lassen Sie lieber einige Buchstaben weg.

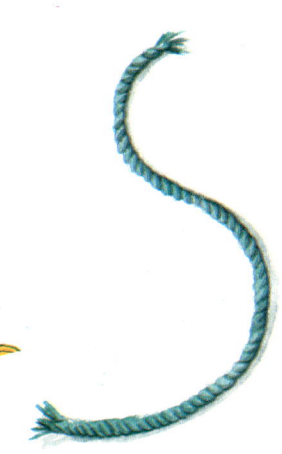

Material:
**je vier Karten
pro Buchstabe
(104 Karten für das
ganze Alphabet)
Buntstifte
evtl. Zeitschriften,
Kataloge
Schere, Klebstoff**

Abc-Quartett

Als Spielkarten für dieses Quartettspiel dienen aus Tonkarton geschnittene gleich große Rechtecke. Wem diese Arbeit zu aufwendig ist, kann im Fachhandel vorgefertigte Karten kaufen. Die Buchstaben, Wörter oder Bilder werden aufgemalt und geschrieben. Es ist aber auch denkbar, passende Wörter und Bilder aus Zeitschriften oder Katalogen auszuschneiden und aufzukleben.

Anlautbilder

Vier Karten mit Gegenständen bekleben oder bemalen, die mit dem gleichen Buchstaben beginnen, zum Beispiel: Katze, Kaktus, Kartoffel, König (1).

Wort – Bild – Zuordnungen

Zwei Karten mit dem Gegenstand bemalen oder bekleben, auf die anderen zwei Karten den passenden Anfangsbuchstaben schreiben, zum Beispiel: A – Apfel, A – Ameise (2).

Buchstabenquartett

Auf zwei Karten die Groß- und Kleinbuchstaben in Druckschrift, auf die anderen zwei Karten die Buchstaben in Schreibschrift schreiben, zum Beispiel: A – a, A – a (3).

Elterntipp:

Für kleinere Kinder können die Karten auch als Paare, also nur zwei passende Buchstaben oder Bilder, gestaltet werden. Mit diesen Kartenpaaren kann dann nach den Memoryregeln gespielt werden.

Das Abc-Lied

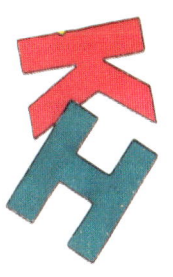

Musik und Rhythmik, in Verbindung mit Lerninhalten, sprechen besonders das Kindergarten- und Grundschulkind an und ermöglichen ihm ein entspanntes Lernen in Aktion. Bei dem folgenden Lied prägt sich die Buchstabenreihenfolge des Alphabetes spielerisch ein. Die gesamte Entwicklung des Kindes wird durch eine frühzeitige Begegnung mit Musik positiv beeinflusst.

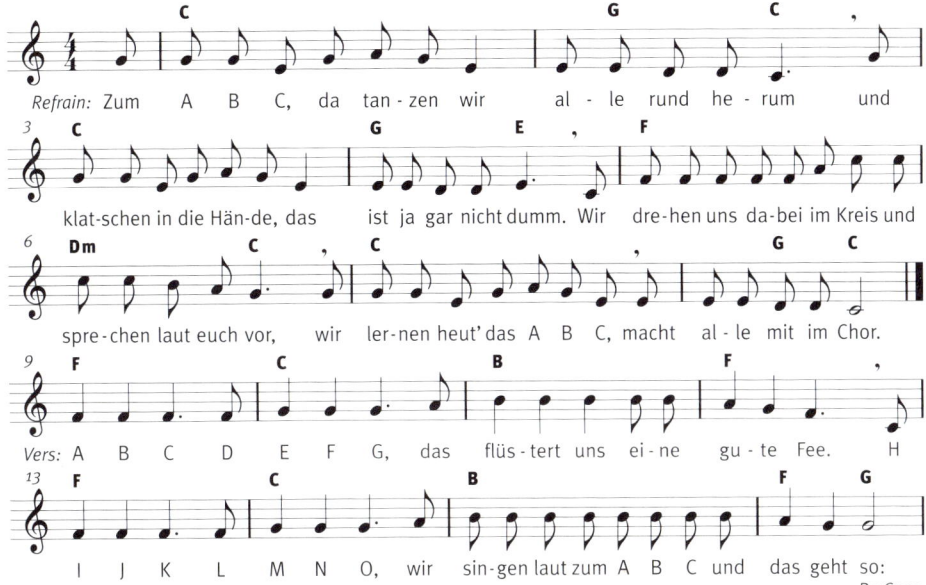

Text: Werner Tenta
Melodie: Werner Tenta / Andreas Altstetter

Refrain:
Zum Abc, da tanzen wir alle rund herum
und klatschen in die Hände, das ist ja gar nicht dumm.
Wir drehen uns dabei im Kreis und sprechen laut euch vor,
wir lernen heut das Abc, macht alle mit im Chor.

1. A B C D E F G,
das flüstert uns eine gute Fee.
H I J K L M N O,
wir singen laut zum Abc und das geht so:

2. P Q R S T U V W,
das ist für uns ein leichter Dreh.
Die letzten heißen X Y Z,
das Abc ist nun endlich komplett.

Bewegungen zum Refrain:

1. und 2. Zeile:
Die Kinder gehen im Kreis und klatschen dabei in die Hände.
3. Zeile:
Die Kinder bleiben stehen und drehen sich einmal um ihre eigene Achse.
4. Zeile:
Die Kinder stehen im Kreis mit Handfassung und singen dann die jeweilige Strophe.

Blumen

Blumen gibt es in den verschiedensten Formen. Durch ihre Farbenpracht locken sie Insekten an, mit deren Hilfe sie ihren Blütensamen verbreiten und sich somit vermehren können. Es gibt unter diesen farbenfrohen Pflanzen allerdings auch gefräßige Exemplare, so genannte Fleisch fressende Blumen wie zum Beispiel den Sonnentau oder die Venusfliegenfalle. Sobald ein Insekt sich auf die Blüten einer solchen Blume setzt, klebt es an ihr fest oder wird von den Blütenblättern umschlossen.

Buchstaben fressende Blumen

Die Blumen auf diesem Bild sind zwar auch sehr gefräßig, ernähren sich aber ausschließlich von Buchstaben. Sie verzehren dabei jeden Buchstaben, der ihnen in die Quere kommt. Ihre Lieblingsbuchstaben sind dabei das „B" und „b".
Suche in dem Bild alle „B" und „b"!

Blühender Kaktus

> Blumen sind wegen ihrer farbenprächtigen Blüten schön anzusehen. Aber auch die stacheligen Kakteen besitzen solche Blüten, weshalb sie genauso wie die Blumen zu den Blütenpflanzen gehören. Kakteen wachsen in sehr trockenen, regenarmen Gebieten und sind in der Lage, mit wenig Wasser lange Zeit auszukommen. Doch ganz ohne Wasser können auch sie nicht überleben.

Material:
Heu
grüner Blumendraht
viele Zahnstocher
Schaschlikspieße
grüne Plakafarbe
Pinsel
Blumentopf
Filzreste
Schere, Klebstoff
Juteband

1. Für die Grundform des Kaktus brauchst du eine Kugel und eine längliche, zylindrische Form. Presse dazu Heu zusammen und umwickle es fest mit Blumendraht. So bindest du Schicht für Schicht Heu zusammen, bis du mit der Grundform zufrieden bist. Überstehende Halme und Gräser schneidest du ab. Lasse dir dabei von einem Erwachsenen helfen.

2. Mit zwei ca. 8 cm langen Schaschlikspießen verbindest du die Teile und stellst sie in einen passenden Topf.

3. Die Stacheln des Kaktus stellst du aus Zahnstochern her, die du mit grüner Plakafarbe bemalst.

4. Während die Zahnstocher trocknen, schneidest du aus Filzresten die Blütenblätter aus und klebst die verschiedenfarbigen Blüten versetzt übereinander.

5. Nach dem Zusammenkleben der Blütenblätter bohrst du mit einem spitzen Gegenstand ein kleines Loch in die Mitte der Blüte und steckst sie auf einen ca. 10 cm langen Schaschlikspieß. Auf der Vorderseite der Blüte verdeckst du das Loch mit einem kleinen, runden Filzstück.

6. Stecke nun die bemalten Zahnstocher und die Kaktusblüte in die Heuformen.

7. Zum Schluss verzierst du den Topf noch mit einem farblich passenden Juteband.

Biene Ina

Das Erzählen der folgenden Kurzgeschichte kann für die Kinder eine Anregung sein, die fleißige Biene Ina nach ihrer Fantasie zu gestalten. Unsere Biene Ina wurde aus einem leeren Joghurtbecher, Pfeifenputzern und Tonpapier hergestellt und anschließend mit Plakafarben bemalt.

Material:
leerer Joghurtbecher
Seidenpapier,
Tonpapierreste
zwei Wattekugeln
(Ø 5 cm)
schwarze und gelbe
Plakafarbe, Pinsel
Pfeifenputzer,
schwarze Federn oder
Wolle
Schere, Klebstoff

Die fleißige Biene Ina war den ganzen Tag unterwegs, um in den Blumen Nektar zu sammeln. Daraus stellen die Bienen den köstlichen Honig her. Ina flog stundenlang von einer Blume zur anderen und wurde am Abend auf einmal so müde, dass sie den Heimweg nicht mehr schaffte. Erschöpft schlief sie in einem Blütenkelch ein und wachte erst am nächsten Morgen wieder auf. Nun machte sie sich aber schnell auf den Heimweg, um den anderen Bienen von ihrem Nachtlager zu berichten. Diese waren sicherlich schon in Sorge um sie, denn es wusste ja niemand, warum sie am Abend nicht nach Hause geflogen war.

1. Zuerst verkleidest du einen sauberen Joghurtbecher mit Seidenpapier, indem du es rund um den Becher klebst.

2. Aus Kartonresten schneidest du Blütenblätter aus und beklebst sie auch mit Seidenpapier. Knicke die Blätter am Rand etwas ein und klebe sie rund um den Joghurtbecher.

3. Die zwei Wattekugeln bemalst du mit gelben und schwarzen Streifen und klebst sie nach dem Trocknen fest zusammen.

4. Nun kannst du den Kopf der Biene gestalten. Aus Tonpapierresten schneidest du Augen, Nase und Mund aus und klebst diese Teile auf eine bemalte Wattekugel. Aus den Pfeifenputzern stellst du die Fühler her, schwarze Wolle oder Federn ergeben den Kopfschmuck.

5. Sind alle Einzelteile trocken, klebst du die Biene in den Joghurtbecher. Für festeren Halt sorgt etwas gelbes Seidenpapier, das zwischen Becher und Biene gestopft wird.

Gedicht

*Bienchen Ina erwacht am Morgen
in einer schönen Blütenpracht.
Ihre Freunde machten sich schon Sorgen,
denn sie war weg die ganze Nacht.
Nun fliegt sie ausgeruht zurück,
bringt mit ein großes Nektarstück.*

Tulpenbeet

Material:
Kartonreste
Grundplatte aus Pappe für den Druckstock (DIN A4)
Bleistift, Schere, Klebstoff
Druckfarbe
Glasplatte oder feste Folie
Handwalze
saugfähiges Zeichenpapier
Zeitungspapier als Unterlage

Im Zusammenhang mit dem Erlernen von Buchstaben ist das Drucken sehr zu empfehlen. Dabei wird das Erfassen von Formen geübt und die Feinmotorik geschult. Mit der hier vorgestellten einfachen Drucktechnik können mit wenig Material- und Zeitaufwand wunderschöne Bilder gestaltet werden. Das Ausgangsmaterial ist zudem billig und leicht zu beschaffen. Altes Verpackungsmaterial, wie zum Beispiel Schachteln, Wellpappe oder Kartone finden sich in jedem Haushalt.

1. Mit dem Bleistift zeichnest du auf Kartonreste die Motive auf und schneidest die Einzelteile wie Blüten, Blätter, Stängel und Bäume aus. Lasse dir dabei von einem Erwachsenen helfen.

2. Auf dem Druckstock, der Grundplatte aus Pappe, ordnest du die einzelnen Teile zu einem Bild an. Schiebe die ausgeschnittenen Motive hin und her, bis du mit der Anordnung zufrieden bist. Die Teile dürfen auch übereinander geklebt werden, so entstehen geringe Höhenunterschiede, die beim späteren Abdruck eine schöne Wirkung erzielen. Klebe jetzt die Einzelteile zu einem Gesamtbild auf der Grundplatte aus Pappe fest. Fertig ist der Druckstock.

3. Bevor du mit der Farbe arbeitest, lege als Unterlage Zeitungspapier aus. Nun gibst du die Farbe auf eine glatte Fläche (Glasplatte oder Folie) und verteilst sie mit der Handwalze. Werden zwei unterschiedliche Farben nebeneinander verrieben, erhältst du die jeweilige Mischfarbe. Eine interessante Farbwirkung erreichst du, indem du mehrere Farben auf der Glasplatte oder Folie aufträgst, aber nicht bis zur vollständigen Mischung verreibst.

4. Mit der eingefärbten Handwalze wird nun die Farbe auf dem Druckstock gleichmäßig ausgerollt. Je mehr du mit der Walze hin und her rollst, desto mehr mischt sich die Farbe. Durch gezieltes Auftragen mit der Walze kannst du Farben ineinander fließen lassen.

5. Lege das Zeichenpapier vorsichtig auf den Druckstock. Anschließend streichst du mit der Handfläche mit Druck über das Papier. Nachdem das Zeichenpapier Farbe vom Druckstock aufgenommen hat, ziehst du es ab und betrachtest den ersten Abdruck.

6. Du kannst den Druckstock mehrmals verwenden, bevor sich der Karton durch die Feuchtigkeit der Farbe auflöst. Probiere deshalb verschiedene Farben aus.

Tipps:
Sollte das Bild „verschwimmen", hast du zu viel Farbe aufgetragen. Lasse den Druckstock etwas antrocknen oder ziehe ohne neuen Farbauftrag ein zweites oder drittes Bild ab.
Beim Abdrucken der Motive erscheint das Bild in der entgegengesetzten Lage. Deshalb müssen Buchstaben unbedingt seitenverkehrt auf den Druckstock geklebt werden.

Elterntipp:
Bevor Buchstaben gedruckt werden, können Sie dem Kind vielfältige Motive anbieten: Landschaften, Blumenbilder, figürliches Gestalten, einfache geometrische Formen. Druckt es später Buchstaben, ist es wichtig, darauf zu achten, dass sich in der Buchstabenform und im Bewegungsablauf nichts Falsches einprägt (Lage und Form der Buchstaben).

Reißbilder

Material:
festes Tonpapier
Buntpapier
Klebstoff

Papier ist ein idealer Werkstoff für Kinder. Es ist auf vielfältige Art formbar und bietet eine Fülle von Gestaltungsmöglichkeiten. Neben Malen und Zeichnen auf Papier, Schneiden und Formen ist das Reißen von Papier sehr beliebt. Selbst die Kleinsten haben daran viel Spaß.

Elterntipp:
Gezieltes Reißen erfordert Ausdauer, Konzentration und geübte Feinmotorik. Deshalb sollten anfangs spielerisch große Formate und Formen gerissen werden.

1. Reißt du in Laufrichtung des Papiers, erhältst du gleichmäßige Ränder. Die Reißrichtung ist leichter einzuhalten. Unregelmäßige Kanten entstehen durch das Reißen quer zur Laufrichtung.

2. Um den Farbkontrast von zweifarbigen Buntpapieren sichtbar werden zu lassen, reißt du einen Streifen Papier „auf dich zu" ab. Reißt du den Streifen nach hinten, also „von dir weg", zeigt sich die vordere Farbe auf der Rückseite.

3. Nachdem alle Teile so angeordnet sind, dass du mit dem Bild zufrieden bist, klebst du die gerissenen Papierteile auf.
(Abb.: Ina, 10 Jahre)

Clowns

Die Clowns sind auf der ganzen Welt als Spaßmacher im Zirkus bekannt. Mit ihren Späßen und Spielen bringen sie jedes Kind zum Lachen. Sie tragen viel zu große Hosen, bunte Jacken und lustige Hüte. Mit der roten Pappnase im Gesicht sehen sie aber auch allzu komisch aus! Auf den ersten Blick wirken sie mit ihren großen Schuhen ein wenig tollpatschig und unbeholfen. Doch oft sind Clowns auch gute Artisten und faszinieren alle Zuschauer mit ihren akrobatischen Vorführungen und Kunststücken. Sie balancieren Stühle auf dem Kopf, machen einen Handstand oder jonglieren mit den verschiedensten Gegenständen. Manche Clowns spielen auch ein Musikinstrument und verzaubern so ihr Publikum.

Clowns aus Papprollen

Die weltberühmte Clown-Gruppe Erverado aus Italien ist bekannt für ihre lustigen Auftritte. Wenn diese Clowns ihre Darbietungen zeigen, bleibt bei den Zuschauern kein Auge trocken. Sie jonglieren, balancieren oder vollführen akrobatische Kunststücke und zum Abschluss ihrer Auftritte gibt es immer eine riesige Konfettischlacht.
Verschiedene Papprollen findest du in jedem Haushalt. Mithilfe von aufgeklebtem Buntpapier, Wollresten und vielen anderen Materialien entsteht daraus ein lustiges Volk.

1. Aus Buntpapier schneidest du ein Rechteck in der Größe der Papprolle zu und verkleidest diese damit. Die Papierenden klebst du mit Klebstoff fest.

2. Für die Arme benötigst du Papierstreifen, die du hinten an der umkleideten Papprolle festklebst. Klebe die Hände an den Streifenenden fest und befestigen die Schuhe unten an der Papprolle.

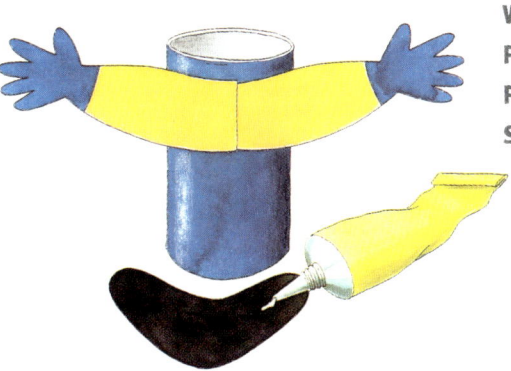

Material:
**leere Haushaltspapprollen
Buntpapier- und Tonpapierreste
Schere, Klebstoff
Wattekugeln (Ø 6 cm)
Plakafarben, Pinsel, Wasserglas
Tortenspitze
Federn, Pfeifenputzer, Geschenkbänder,
Wollreste oder Puppenhaar,
Partyglimmer,
Sternchenaufkleber**

3. Nun bemalst du die Wattekugel mit stark verdünnter Farbe und lässt sie trocknen, bevor du die Gesichtszüge aufmalst.

4. In der Zwischenzeit klebst du die Tortenspitze als Halskrause an der Papprolle fest.

5. Auf die Halskrause klebst du die getrocknete Wattekugel. Mit Plakafarbe malst du die Gesichtszüge auf, aus zusammengedrehten Pfeifenputzerstücken entsteht die Nase. Die Haare schneidest du aus Geschenkbändern, Federn, Wollresten oder Puppenhaaren zurecht und klebst sie auf.

6. Die Grundformen der verschiedenen Clowns stellst du auf die gleiche Weise her. Zum Ausschmücken der einzelnen Figuren kannst du viele Materialien benutzen, die sich im Haushalt finden. Aufkleber oder Glimmer zur Ausgestaltung des Kostüms eignen sich ebenso wie ausgediente Knöpfe, Papierreste oder Kronkorken.

Jonglieren

Fasziniert schaust du im Zirkus den jonglierenden Clowns zu, wie sie gleich mehrere Gegenstände gleichzeitig in die Luft werfen und sie immer wieder auffangen, ohne sie auf den Boden fallen zu lassen. Mit Geduld und viel Übung kannst du ihnen nacheifern. Damit du beim Üben nicht immer den Bällen hinterher rennen musst – denn anfangs fallen dir die Bälle noch sehr oft auf den Boden – fertigst du dir Jonglierbälle, die nicht wegrollen können.

Material:
Jonglierbälle aus Stoffresten
12 Stoffteile (siehe Zeichnung links)
Schere
Nadel und Faden
Vogelsand oder Wildreis als Füllung

Jonglierbälle aus Luftballons
Trichter
feiner Sand
Luftballons

Jonglierbälle aus Stoffresten

1. Schneide anhand des Schnittmusters zwölf gleich große Teile aus Stoffresten heraus.

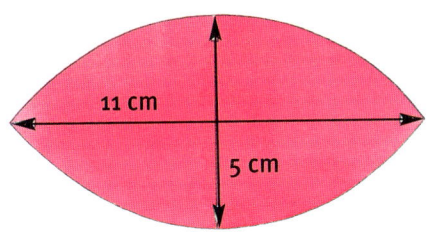

2. Mit Nadel und Faden nähst du vier Teile bis auf eine kleine Öffnung zusammen – bitte einen Erwachsenen, dir dabei behilflich zu sein.

3. In die kleine Öffnung füllst du soviel Vogelsand oder Wildreis, bis die Stoffhülle schön rund geworden ist. Anschließend nähst du auch diese Öffnung zu und fertig ist der erste Jonglierball. Mit den restlichen Stoffteilen verfährst du genauso und stellst nochmals zwei Bälle her. Nun kannst du mit dem Jonglieren schrittweise beginnen (siehe Seite 24).

Jonglierbälle aus Luftballons

Eine andere Möglichkeit, auf einfache Weise Jonglierbälle zu fertigen, ist Sand in Luftballons zu füllen. Diese Bälle halten zwar nicht so lange wie die Stoffbälle, lassen sich aber dafür schnell wieder herstellen.

1. Blase einen Luftballon etwas auf und stecke einen Trichter in die Öffnung des Ballons.

2. Fülle den Luftballon über den Trichter mit soviel Sand, dass du den gefüllten Ballon gut in der Hand halten kannst. Fest verknoten, und schon ist unser Jonglierball fertig!

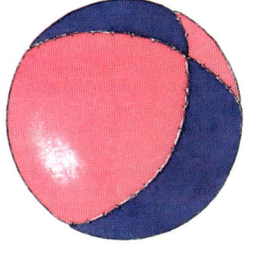

Tipp:

Zum Jonglieren mit drei Bällen bedarf es schon einiger Übung. Wenn du also mit einem Übungsschritt noch Schwierigkeiten hast, übe lieber noch einmal den vorherigen Schritt und festige dort deine Fertigkeiten. Übe erst danach den nächsten, schwierigeren Schritt.

Ausgangsposition:
Stelle dich aufrecht hin, Beine leicht gegrätscht, stelle ein Bein leicht vor und winkle dessen Knie etwas an. Die Oberarme liegen locker seitlich am Körper, die Unterarme hältst du waagerecht nach vorn.

1. Wirf einen Ball mit der rechten Hand senkrecht nach oben und fange ihn mit der gleichen Hand wieder auf. Der Wurf erfolgt dabei aus dem Unterarm leicht über Kopfhöhe und du betrachtest dabei den höchsten Punkt der Flugbahn des Balles. Den Ball fängst du in Hüfthöhe wieder auf, wobei du den Blick nach oben gerichtet lässt. Nach ein paar Wiederholungen übe dies auch mit der linken Hand.

2. Wirf den Ball diagonal mit der rechten Hand leicht über Kopfhöhe und fange ihn mit der linken Hand in Hüfthöhe wieder auf. Anschließend wirfst du links und fängst den Ball mit rechts.

3. Halte in jeder Hand einen Ball. Mit der rechten Hand wirfst du den Ball diagonal nach oben. Den Ball in der linken Hand wirfst du unter dem ersten Ball diagonal nach oben, wenn der erste Ball seinen Höhepunkt erreicht hat. Anschließend fängst du die Bälle mit der linken Hand, danach wieder mit der rechten Hand. Wirf und fange nach folgendem Muster: rechts werfen, links werfen, fangen, fangen, links werfen, rechts werfen, fangen, fangen, usw.

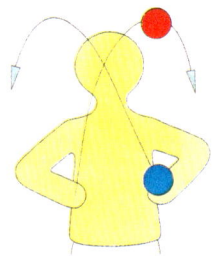

4. Nun nimmst du in die rechte Hand zwei Bälle und in die linke Hand den dritten Ball. Wirf den ersten Ball mit der rechten Hand hoch. Den zweiten Ball aus der linken Hand wirfst du, wenn der erste Ball seinen Höhepunkt erreicht hat. Den dritten Ball aus der rechten Hand wirfst du, wenn der zweite wiederum seinen Höhepunkt erreicht hat. Nun hast du alle drei Bälle ausgetauscht und hältst zwei Bälle in der linken und einen Ball in der rechten Hand.

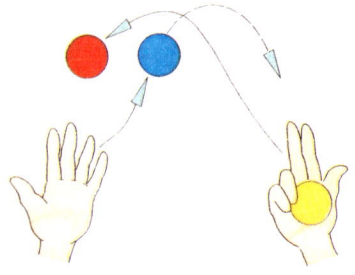

5. Versuche nun fortlaufend alle drei Jonglierbälle zu werfen und zu fangen.

Plakat und Einladungskarte

Bevor die Clown-Gruppe Erverado einen Auftritt hat, hängen sie überall in der Stadt Plakate auf, um die Zuschauer in ihre Vorstellungen einzuladen. Denn es ist für Akrobaten natürlich ziemlich traurig, wenn sie ihre Kunststücke vor leeren Rängen zeigen müssen.

Sobald du deine Fertigkeiten im Jonglieren gefestigt hast, eiferst du den Erverados nach und lädst dir auch Gäste für deine kleine Jonglier- und Clownparty ein. Spielerische Vorfreude auf dieses Fest kannst du bei deinen Gästen schon mit der Einladung selbst wecken. Zum Beispiel mit dieser Puzzlekarte.

Plakat
Mit Bleistift zeichnest du das Clownmotiv auf das Plakat. Aus verschiedenfarbigen Tonpapieren und Resten von Wellpappe schneidest du die einzelnen Teile aus und klebst sie auf dem Bild fest. Für die Haare des Clowns kannst du rote Federn benutzen.

Material:
Puzzlekarte
weiße Postkarte
Bleistift, Schere
schwarzer Filzstift,
Farbstifte

Plakat
weißes Zeichenpapier
(DIN A 5)
Bleistift
Wellpappenreste
verschiedenfarbige
Tonpapiere
rote Federn
Schere, Klebstoff

Puzzlekarte
1. Auf eine weiße Postkarte zeichnest du mit Bleistift einen Clown. Bist du mit deinem Bild zufrieden, zeichnest du die Konturen mit dem Filzstift nach.

2. Anschließend malst du den Clown möglichst bunt aus und schreibst auf dieser Kartenseite nur das Wort „Einladung". Die anderen Informationen wie Ort, Zeitpunkt usw. teilst du auf der Kartenrückseite mit.

3. Bist du damit fertig, zerschneidest du die Karte in Puzzleteile und verschickst sie in einem Briefumschlag an deine Gäste.

Clownwürfeln

Material:
**zwei Würfel
pro Mitspieler ein
Blatt Papier
möglichst viele bunte
Stifte
einen Vorlageclown**
Teilnehmer:
mindestens 2 Kinder

Das folgende Spiel ist auch für größere Gruppen geeignet und benötigt eine kurze Vorbereitungszeit. Kinder im Vorschulalter brauchen unter Umständen etwas Hilfestellung, um den Vorlageclown in der richtigen Reihenfolge aufzeichnen zu können.

Spielregeln

Jeder Mitspieler würfelt in der ersten Runde zunächst mit einem Würfel seine „Glückszahl" und notiert sie am Rand seines Blatt Papiers. Danach beginnt der erste Mitspieler mit beiden Würfeln zu würfeln. Wenn er seine „Glückszahl" würfelt, darf er den ersten Teil des vom Spielleiter zuvor gezeichneten Vorlageclowns auf sein Blatt Papier malen. Hat er gleich mit beiden Würfeln diese Zahl erreicht, sind es zwei Teile, die er zeichnen und ausmalen darf. Der Vorlageclown besteht aus 15 Teilen, folglich hat derjenige das Clownwürfeln gewonnen, der insgesamt fünfzehnmal seine Glückszahl gewürfelt hat.

Clowntruppe Erverado

Für ihren Zirkusauftritt treffen sich die Clowns regelmäßig zu Proben. Welche Clowns tragen dasselbe Kostüm? Wer übt mit den gleichen Gegenständen?

Elterntipp:

Durch diese Konzentrationsübung wird die Beobachtungsgabe und Wahrnehmung des Kindes gefördert. Die Fähigkeit, Ähnlichkeiten und Unterschiede zu erkennen, ist eine wichtige Voraussetzung zum Lesen lernen.

Drachen

Wir kennen Drachen meist als fliegende, feuerspeiende Tiergestalten aus alten Sagen, Fabeln oder Märchen. Der Drache übernimmt in vielen Geschichten die Rolle des Bösewichts oder des Bewachers von Schätzen, den es zu besiegen gilt. In manchen Ländern wird er jedoch als freundliches Wesen verehrt, das den Menschen Gück bringt. Unsere Drachen hier sind bisweilen furchterregend, spucken Feuer und fliegen hoch in die Lüfte, gehören aber auch zu den freundlichen, gutmütigen Geschöpfen ihrer Art.

Material:
Sperrholzplatte
Abfallhölzer in verschiedenen Größen und Formen
Holzbeize und Pinsel
Schleifpapier
Holzleim

Der Drache Nilsun
Wenn am Morgen im Drachenwald die Sonne aufgeht, erwacht auch der kleine Drache Nilsun. Er streckt seine Nase vorsichtig aus seiner Höhle und freut sich auf einen schönen Tag mit seinen Freunden. Doch zuerst muss er auf Futtersuche gehen, denn der kleine Drache will ja groß und stark werden. Nilsun frisst am liebsten frische, grüne Blätter und duftende Blüten und davon findet er im Drachenwald genug.

Holzcollage
1. Sammle Abfallholz jeglicher Art und suche passende Formen aus. Die Sperrholzplatte bemalst du mit Holzbeize, lasse dir dabei aber von einem Erwachsenen helfen. Anschließend muss das Holz ca. 1 Stunde trocknen.

2. Auf der bemalten Unterlage ordnest du nun die ausgesuchten Holzteile an, tauschst sie aus oder veränderst ihre Lage, bis du mit deinem Drachen zufrieden bist. Nimm nun nach und nach ein Holzstück auf und schleife mit dem Schleifpapier die Kanten ab.

3. Mit Holzleim klebst du die einzelnen Teile auf der Sperrholzplatte fest, lasse das Bild dann mindestens zwei Stunden trocknen.

4. Wer möchte, kann nun mit Holzbeize verschiedene Einzelheiten wie Augen oder Zacken bemalen.

Das Drachenkinderlied

Die Strophen des folgenden Kinderliedes können mit wenigen Gesten pantomimisch begleitet werden. Mit kreisendem Zeigefinger wird das rosa Haarband auf dem Drachenkopf angedeutet, die Zähne werden geputzt, die Füße am Boden abgestreift und in der letzten Strophe wird der Kopf seitlich geneigt auf die gefalteten Hände zum Schlafen gelegt.

Text: Werner Tenta
Melodie: Werner Tenta / Andreas Altstetter

Refrain:
Die Drachenkinder aus dem Drachenland
sind euch noch alle unbekannt.
Wir stellen sie euch vor in aller Ruh.
Passt auf und hört gut zu:

1. Der grüne Drache Waldemar,
der hat ein rosa Band im Haar.
Damit ihm seine grünen Locken
nicht runterhängen wie nasse Socken.

2. Der blaue Drache Kunigund
hat große Zähne in seinem Mund.
Er putzt und schrubbt sie jeden Tag
weil Karies er gar nicht mag.

3. Der rote Drache Fabian
putzt ab die Füß so gut er kann.
Von Mama gibts dafür 'nen Kuss,
weil sie die Höhle nicht säubern muss.

4. Das gelbe Drachenmädchen Bernadett
legt sich früh am Abend in ihr Bett.
Und ausgeschlafen geht sie zur Schule,
am nächsten Tag mit Freundin Jule.

Stoffbild

Material:
Stoffreste (Farb- und Musterkataloge)
festes Tonpapier (mindestens DIN A3)
Schere, Klebstoff
Filzstifte

Elterntipp:
Auf die gleiche Weise können Sie gemeinsam mit dem Kind ein Farb- und Tastbilderbuch zum Alphabet gestalten. Neben Stoffresten eignen sich dazu auch Musterkataloge für Tapeten, Papiere oder Wollreste.

Die bunten Stoffreste für diese Aufgabe stammen aus Fachgeschäften wie zum Beispiel Schneidereien, Polstergeschäften, Möbelhäusern oder Stoffläden. Dort bekommt man ausgediente Farb- und Musterkataloge oft geschenkt. In einer Schachtel angeboten, wird sich das Kind ausgibig mit den Stoffen beschäftigen. Es ertastet die verschiedenen Stoffqualitäten und freut sich an den unterschiedlichen Farbtönen. Nachdem das Kind genügend Zeit zum Wühlen, Befühlen und Sehen gehabt hat, kann mit dem Stoffbild begonnen werden.

1. Suche dir aus den Stoffresten deine Lieblingsfarben aus und überlege, wie dein Drachentier aussehen soll. Hat es ein großes Maul? Zacken am Hals? Kleine oder große Füße?

2. Schneide die einzelnen Körperteile aus. Halte dabei die Stoffe immer wieder aneinander, um die passenden Farbtöne herauszusuchen.

3. Ordne nun die Stoffteile auf deinem Zeichenpapier, tausche sie aus oder ergänze sie mit anderen Teilen. Berate dich dabei mit einem Erwachsenen über Aussehen, Tätigkeit und Farbe deines Drachens.

4. Sobald du mit der Anordnung zufrieden bist, klebst du die einzelnen Teile zu einem Gesamtbild auf.

5. Mit Filzstiften kannst du dein Werk noch ergänzen und verschönern.

Rätsel
*Es lebt ein Wesen,
man glaubt es kaum,
so groß und schwer,
fast wie ein Baum,
in einer Höhle ganz aus Stein.
Und bewacht dort ganz allein
Gold, Juwelen und Dukaten
vor Raubrittern und Piraten.
Und wird es ihm dabei zu bunt,
spuckt es Feuer aus seinem Schlund.
Sein Stampfen lässt die Erde beben
und seine Flügel es am Himmel schweben.
Die Räuber bekommen einen
großen Schreck und laufen
ohne Schätze weg.
Nun hat es wieder seine Ruhe,
betrachtet die Schätze in der Truhe
und denkt sich: „Manchmal ist es
schon zum Lachen, wie diese Gesellen flüchten vor uns…!"
(Drachen)*

Der Drache fliegt in seine Höhle (Anna, 5 Jahre)

Der Drache findet seine Lieblingsblume (Franziska, 6 Jahre)

Buchstaben-Bingo

Material:
52 Einzelkärtchen aus Karton
Filzstifte
Stoffbeutel
Teilnehmer:
ab 3 Kinder

Elterntipp:
*Wem die Herstellung solcher Kärtchen zu aufwendig ist, kann diese auch vorgefertigt im Hobbyfachhandel beziehen.
Je nach Alter der Kinder reichen anfangs wenige Buchstaben, mit der Zeit kann das gesamte Alphabet hergestellt werden.*

Die Drachenkinder Waldemar, Kunigunde und Fabian haben ein Lieblingsspiel, das Buchstaben-Bingo. Wenn es im Drachenwald so stürmt und regnet, dass selbst sonst unempfindliche Drachenkinder frieren, sitzen sie am liebsten in ihrer Höhle und spielen gemeinsam dieses Spiel. Sie haben es mit ihrer Drachenmutter selbst hergestellt und sind natürlich auch sehr stolz darauf.

Als Spielkarten benötigst du je 26 Einzelkärtchen aus Plakatkarton für die Großbuchstaben und die Kleinbuchstaben. Schreibe mit Filzstift das Alphabet in Groß- und Kleinbuchstaben auf die Karten. Hier kann dir auch ein Erwachsener behilflich sein. Sammle die Buchstaben in einem Stoffbeutel.

Spielregeln
Buchstaben-Bingo
Alle Kleinbuchstaben werden in gleicher Zahl an die Mitspieler verteilt und aufgedeckt vor sie gelegt. Nun zieht ein Mitspieler einen Großbuchstaben aus dem Beutel und ruft ihn aus. Wer den passenden Kleinbuchstaben vor sich hat, darf ihn mit dem Großbuchstaben bedecken. Gewonnen hat das Kind, dessen Kleinbuchstaben zuerst mit den Kärtchen der Großbuchstaben verdeckt sind.

Varianten
Buchstabenlotto
Die Großbuchstaben liegen verdeckt in der Mitte. Die Kleinbuchstaben liegen, in gleicher Anzahl verteilt, aufgedeckt vor den Mitspielern. Jeder Mitspieler dreht nacheinander eine Karte um. Passt der Buchstabe zu einem Kleinbuchstaben, darf der Mitspieler ihn behalten. Ist dies nicht der Fall, wird er wieder verdeckt abgelegt.

Buchstaben-Memory
Dieses Spiel wird schwieriger, je mehr Buchstabenpaare auf dem Tisch liegen. Es dürfen immer zwei Karten aufgedeckt werden. Passen Groß- und Kleinbuchstabe zusammen, darf der jeweilige Mitspieler sie behalten. Wenn nicht, werden die zwei Karten wieder umgedreht und der Nächste ist an der Reihe.

Drache Fabian und seine Freunde

Fabian, der rote Drache, besucht zusammen mit seinen Freunden Waldemar, Kunigunde und Bernadette die Drachenkinderschule. Heute steht auf ihrem Stundenplan das Feuerspucken. Ihr Lehrmeister, der alte Drache Ferdinand, erklärt ihnen zunächst die richtige Atemtechnik: „Tief einatmen und dann das Feuer aus den Nasenflügeln herauspusten, so müsst ihr es machen!" Fabian zieht beim tiefen Einatmen allerdings aus Versehen alle Buchstaben seines Schulheftes mit ein und anstatt eines Feuerstrahls purzeln die Buchstaben aus seiner Nase.
Kannst du alle „D" und „d" entdecken?

Eskimos

Eskimos leben hauptsächlich im eisigen Norden von Amerika und auf Grönland. Das Wort „Eskimo" bedeutet „Rohfleischesser" und stammt aus einer Indianersprache. Das Volk selbst nennt sich „Inuit", was soviel wie „echter Mensch" bedeutet. Eskimos verstehen es, sich Häuser aus Schnee und Eis zu bauen, die „Iglus". Sie sind Jäger, Fischer und gute Handwerker. Geschickt stellen sie zum Beispiel Boote her, die kleinen „Kajaks" und die größeren „Umiaks". Aus Tierknochen fertigen sie unter anderem Werkzeuge und auch Spielsachen für ihre Kinder.

Elterntipp:
Kinder lernen bei dieser Konzentrationsübung, ihre Wahrnehmung, zu schulen und ihren Wortschatz zu erweitern. Um das Interesse für andere Kulturen zu fördern, sollten Eltern viele Informationen geben, Gespräche beginnen und mit dem Kind zusammen im Kinderlexikon oder Atlas nachschlagen.

Kleidung und Ausrüstung
Eskimos leben in Iglus, ihren selbst gebauten Häusern aus Schnee und Eis. Da es in dieser Umgebung meist sehr kalt ist, brauchen sie vor allem sehr warme Kleidung. Was brauchen Eskimos in dieser kalten Umgebung nicht?

Abc-Spiele

Um sich an langen Winterabenden die Zeit zu vertreiben, haben sich Eskimokinder die tollsten Abc-Spiele ausgedacht. Oft werden sie von Nachbarskindern besucht, die dann alle mit Begeisterung mitmachen.

Berührungs-Abc

Der zuvor ausgewählte Buchstabe wird mit dem Finger auf den Rücken oder in die Handinnenfläche eines Mitspielers „geschrieben". Dieser muss den Buchstaben erraten und darf dann dem nächsten Kind einen Buchstaben auf die Hand „schreiben". So einfach, wie es sich anhört, ist es nicht: Zum einen werden die Hautreize selten gefordert, zum anderen hat die erspürte Schreibbewegung des Buchstabens eine andere Lage als der auf Papier geschriebene Buchstabe und muss richtig eingeordnet werden.

Variante

Wird der Buchstabe richtig erkannt, muss das Kind drei Wörter mit diesem Anfangsbuchstaben sagen, bevor es weitermachen darf.

Kreisspiel

Alle Mitspieler sitzen im Kreis, ein Platz ist leer. Jeder bekommt einen auf Papier geschriebenen Buchstaben in die Hand, sichtbar für alle. Die Buchstaben werden entweder vom Spielleiter oder von den Kindern zuvor ausgewählt. Derjenige, dessen rechter Platz leer ist, beginnt: „Mein rechter, rechter Platz ist leer, ich wünsche mir (z. B.) das ‚D' her!" Das Kind mit diesem Buchstaben setzt sich an den freien Platz. Nun darf das nächste Kind, dessen rechter Platz leer ist, weiterspielen.

Tastspiel

Bei diesem Spiel müssen die Buchstaben in einer Stofftasche ertastet werden. Ein Kind greift so hinein, dass es die Buchstaben nicht sehen kann, sondern durch Fühlen erkennen muss. Hat es den Buchstaben erraten, darf es diesen behalten und das nächste Kind ist an der Reihe. Wurde der Buchstabe nicht erkannt, kommt er zurück in die Stofftasche.

Variante

Die Buchstaben können auch aus Hefeteig gebacken werden – das Kind, das den jeweiligen Buchstaben ertastet, darf ihn dann aufessen.

Berührungs-Abc
Teilnehmer:
ein oder mehrere Kind(er)

Kreisspiel
Material:
Papier, Stifte
Teilnehmer:
mindestens 3 Kinder

Tastspiel
Material:
Holz- oder Pappbuchstaben (Spielwaren- oder Schreibwarenhandlungen)
evtl. Pfeifenputzer
Stofftasche
Teilnehmer:
ein oder mehrere Kind(er)

Elterntipp:

Alle Übungen sollten in einer spielerischen entspannten Atmosphäre stattfinden und dem Kind Freude bereiten. Das bedeutet auch, dass das Kind nicht gezwungen wird und Arbeitstempo und Rhythmus selbst bestimmen darf.

Buchstaben ertasten

Material:
Reste von Filz, Samt, Pelz, Jute und Wolle
Bänder, Pfeifenputzer, Federn
Glanzpapier,
Buntpapier,
Tonpapier- und Tapetenreste
fester Zeichenkarton
Buntstifte
Schere, Klebstoff

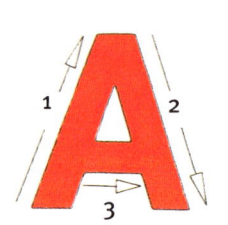

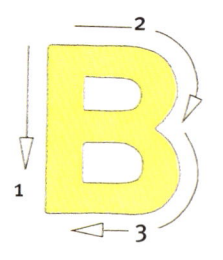

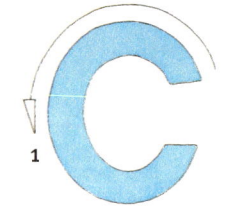

Über die Tastempfindung nimmt das Kind die Formen der Buchstaben auch in das Muskelgedächtnis auf. Es „begreift" den Buchstaben durch Anfassen, Fühlen und Nachfahren. Das klassische Material gehört zum Montessori-Arbeitsmatrial (Sandpapierbuchstaben und -ziffern) zusammen mit vielen Vorübungen gut geeignet zum Tasten und „Begreifen". Schon die Herstellung verschiedener Buchstaben mit einem passenden Anlautbild dazu, zum Beispiel „E" und „Eskimo", macht den Kindern viel Spaß. Auf diese Weise kann ein wunderschönes Tastbilderbuch zum Abc hergestellt werden.

Da die Schreibbewegung sich im Muskelgedächtnis einprägt, wird das Kind bei seinen ersten Schreibbewegungen diese Richtungen besser einhalten. Dabei sollte der befühlte Buchstabe stets benannt werden. Je öfter die Buchstaben ertastet werden, umso leichter werden sie von dem Kind wiedererkannt. Hierin liegt eine indirekte Vorbereitung zum Schreiben und Lesen, da sich Bewegungsabläufe verfestigen. Damit sich keine Fehler und falsche Bewegungsabläufe beim „Ertasten" der Buchstaben einprägen, sollte das Kind den Buchstaben mit den Schreibfingern ertasten und in Schreibrichtung nachfühlen.

1. Suche verschiedene Materialien im Haushalt zusammen. Sammle am besten alles in einer Schachtel. So kannst du die Materialien aufbewahren und hast immer alles beieinander, wenn du das nächste Bild gestalten willst.

2. Überlege dir nun einen Buchstaben und ein passendes Bild dazu, zum Beispiel „E" und „Eskimo".

3. Auf das ausgewählte Material zeichnest du dein Motiv und schneidest die Teile aus. Beim Ausschneiden oder Formen der Buchstaben (zum Beispiel Buchstaben aus Pfeifenputzern biegen und zum Ertasten aufkleben) kannst du dir von einem Erwachsenen helfen lassen.

4. Lege nun alle Teile auf das Zeichenpapier und schiebe alles hin und her. Bist du mit dem Bild zufrieden, klebst du die Stücke fest. Mit Buntstiften kannst du das Bild noch ausgestalten. Zum Schluss wird der Buchstabe dazugeklebt – fertig ist das Tastbild.

Elterntipp:
Um den Tastsinn des Kindes zu fördern, gibt es viele weitere Möglichkeiten:

- *unterschiedlich strukturierte Stoffe befühlen, Unterschiede erkennen, benennen und zuordnen: zum Beispiel zwei Samtstücke, zwei Jutestücke oder zwei Filzreste befühlen und als „Stoffpaar" zusammenlegen*
- *Kneten und Formen mit Ton, Plastilin, Knetmasse oder Salzteig*
- *Buchstaben in Sand, Zucker oder Mehl schreiben*
- *Buchstaben aus Strohhalmen, Wollresten oder Bast aufkleben und nachspuren*
- *Buchstaben in Seife kratzen*
- *Buchstaben dick mit Wachsmalkreiden auf Sandpapier oder Jute malen und nachspuren*

Fasching

Mit dem Fasching wird der Winter ausgetrieben. Die kalte Jahreszeit soll endlich dem langersehnten Frühling weichen. In einigen Gegenden ist es auch Brauch, mit Getöse und wilden Verkleidungen dem Winter Beine zu machen. Viele Faschingsfeste und -umzüge finden in diesen Wochen statt, auf denen die Menschen ausgelassen singen, tanzen und feiern. Den Kindern gefällt die Faschingszeit natürlich auch. Mit Begeisterung sind sie dabei, wenn es darum geht, ein Faschingsfest zu planen. Dekorationen und Verkleidungen anzufertigen oder Spiele und Speisen für eine Faschingsparty vorzubereiten, macht ihnen dabei sehr viel Spaß.

Faschingsumzug

An vielen Orten finden zur Faschingszeit Umzüge statt. Clowns, Piraten, Indianer, Prinzessinnen und andere verkleidete lustige Gesellen fahren auf dekorierten Wagen durch die Straßen. Sie werfen Konfetti in die Menge und zur Freude der Kinder auch Bonbons und andere Süßigkeiten. Unsere Faschingsnarren bewerfen die Zuschauer am Straßenrand mit vielen großen und kleinen Buchstaben. Findest du alle „F" und „f" heraus?

Fischfutter

Zu einer richtigen Faschingsparty gehören natürlich leckere Speisen für die Gäste. Schon die Vorbereitung der Fische macht viel Spaß und die Gäste werden bestimmt mit viel Genuss das „Fischfutter" verzehren. Je nach Geschmacksrichtung können die Brote mit Wurst, Käse oder Gemüse belegt werden.

Material:
Brotscheiben
Frischkäse,
Salamischeiben,
Käsescheiben
Tomaten, Radieschen,
Gurken
Petersilie, Schnittlauch, Erbsen,
Rosinen
Salatblätter
Messer, Schneidebrett, Servierteller

1. Bestreiche eine Brotscheibe mit Frischkäse, schneide aus dem Brot eine kleine Ecke heraus und lege sie als Schwanzflosse hinten an.

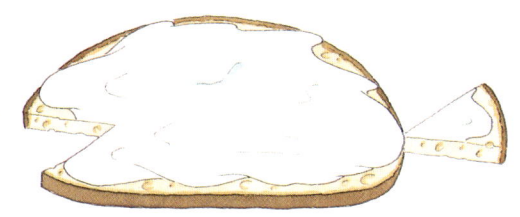

2. Schneide nun für Gemüsebrote Gurken, Tomaten und Radieschen in Scheiben und belege das Brot damit. Stecke die einzelnen Teile so in den Frischkäse, dass sie wie die Schuppen eines Fisches aussehen.

3. Lege mit Rosinen oder Erbsen ein passendes Fischauge auf und dekoriere es noch mit Schnittlauch oder Petersilie.

4. Je nach Geschmack kannst du auf diese Art Käsefische oder Wurstfische dekorieren. Für die Fischflossen verwendest du zurechtgeschnittene Salatblätter. Die Party kann beginnen!

Faschingsschmuck

Verkleidungen und Kostüme für eine Faschingsparty sind bei Kindern sehr beliebt. Oft fehlt nur zur passenden Kleidung noch ein lustiger und geeigneter Kopfschmuck. Wer sich etwas Zeit nimmt, kann ausgefallene Hüte selbst herstellen.

Material:
Schmetterlingsfühler
Haarreif
zwei Wattekugeln
schwarze Farbe,
Pinsel
Blumendraht
Bleistift, Klebstoff

Material:
Zauberer- oder Hexenhut
fester Fotokarton
Bleistift
Schnur
Schere, Klebstoff
Gold- oder Silberfolie
Locher
festes Band

Elterntipp:
Auch Teddy-, Maus- oder Tigerohren aus Papier eignen sich für die Herstellung von Faschingsschmuck mit Haarreifen.

Schmetterlingsfühler

1. Mit der schwarzer Farbe bemalst du die Wattekugeln und lässt sie anschließend trocknen.

2. Umwickle einen Bleistift fest mit ca. 15 cm langem Blumendraht. Wenn du den Bleistift herausziehst, erhältst du eine Drahtspirale. Du benötigst zwei ca. 10 cm lange Spiralen.

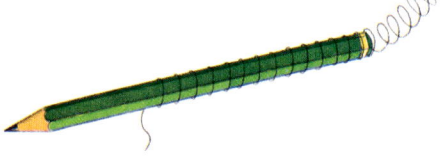

3. Setze nun auf jede Spirale eine Wattekugel und klebe sie zusätzlich mit Klebstoff fest.

4. Befestige beide Spiralen an dem Haarreif, indem du die Enden des Drahtes fest um den Reif wickelst.

Zauberer- oder Hexenhut

1. Zeichne mithilfe der Schnur einen Halbkreis auf. Die Höhe des Hutes hängt von der Länge der Schnur ab. Lasse dir dabei von einem Erwachsenen helfen.

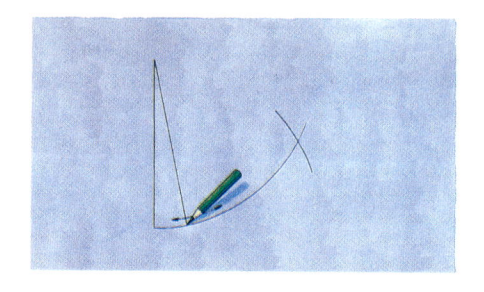

2. Schneide den Hut nun an den Seiten zurecht. Zeichne mit Bleistift einen Klebestreifen ein.

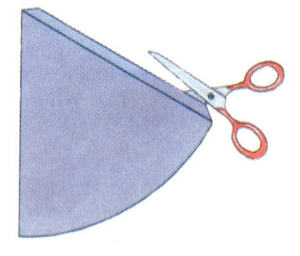

3. Jetzt kannst du den Zauberhut mit ausgeschnittenen Motiven aus Gold- oder Silberfolie wie Sternen, Zacken, Monden oder Blitzen verzieren. Diese Teile klebst du dann außen am Hut fest. Die Spitze des Hutes kannst du mit Folienstreifen dekorieren, die du innen am Hut anklebst.

4. Ziehe den Fotokarton vorsichtig an einer Tischkante entlang, so rollt er sich etwas ein und lässt sich besser zusammenkleben.

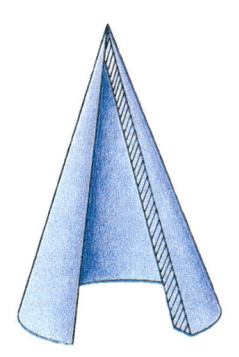

5. Am Rand des Hutes stanzt du mit dem Locher zwei Löcher aus, schneidest die Bänder zurecht und klebst sie fest – fertig ist der Faschingshut.

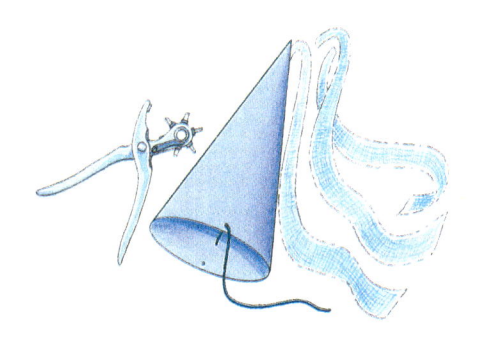

Chinesenhut

1. Zeichne einen Kreis auf gelben Fotokarton und schneide etwas weniger als 1/4 der Kreisfläche weg. Lasse dir dabei von einem Erwachsenen helfen.

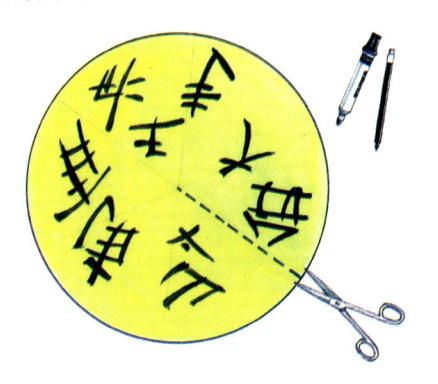

2. Flechte mit schwarzer Wolle einen Zopf, verknote ihn und klebe ihn an der Innenseite des Hutes fest.

3. Stanze, nachdem der Hut zusammengeklebt ist, Löcher in die Seiten und ziehe Bänder durch. Male mit schwarzem Filzstift noch asiatische Schriftzeichen auf – fertig ist der Chinesenhut.

Material:
Chinesenhut
gelber Fotokarton
Schere, Klebstoff
schwarze Wolle
Locher
schwarzes Band
schwarzer Filzstift

Material:
Krone
Fotokarton
Bleistift
Schere, Klebstoff
Goldfolie
**Perlen, Edelsteine
oder Knöpfe aus Glas
und Plastik**
Locher
Band

Blumenhut
drei Pappteller
Krepppapier
Schere, Klebstoff
Locher
Band

Krone

1. Schneide einen Kartonstreifen mit den Maßen 30 cm x 10 cm aus, zeichne an einer Seite Zacken ein und schneide diese ebenfalls aus. Lasse an den Enden einen Klebestreifen frei.

2. Bestreiche das ausgeschnittene Kartonteil großzügig mit Klebstoff und klebe es auf ein passendes Stück Goldfolie.

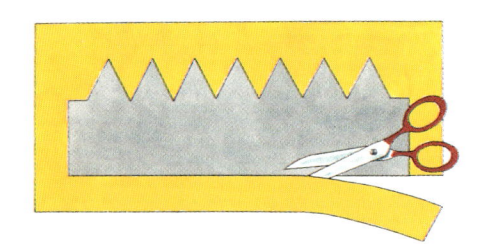

3. Schneide die Goldfolie an den Kanten zurecht und klebe die Krone zusammen.

4. Dekoriere die Krone mit Edelsteinen, Perlen oder Knöpfen. (Die Einzelteile müssen einige Zeit festgehalten werden, bis der Klebstoff angetrocknet ist.)

5. Stanze zum Schluss Löcher in beide Seiten und verknote die Bänder, die du vorher durchgezogen hast.

Blumenhut

1. Klebe die Pappteller zusammen und dekoriere sie auf der Rückseite mit bunten Bändern und Blumen aus Krepppapier. Schneide dazu verschiedene Blüten- und Blattformen aus und klebe sie in die Mitte des Hutes. Dazwischen werden die ausgeschnittenen Papierbänder befestigt.

2. Stanze in beide Seiten wieder ein Loch, Bänder durchziehen und verknoten – fertig ist ein Blumenhut!

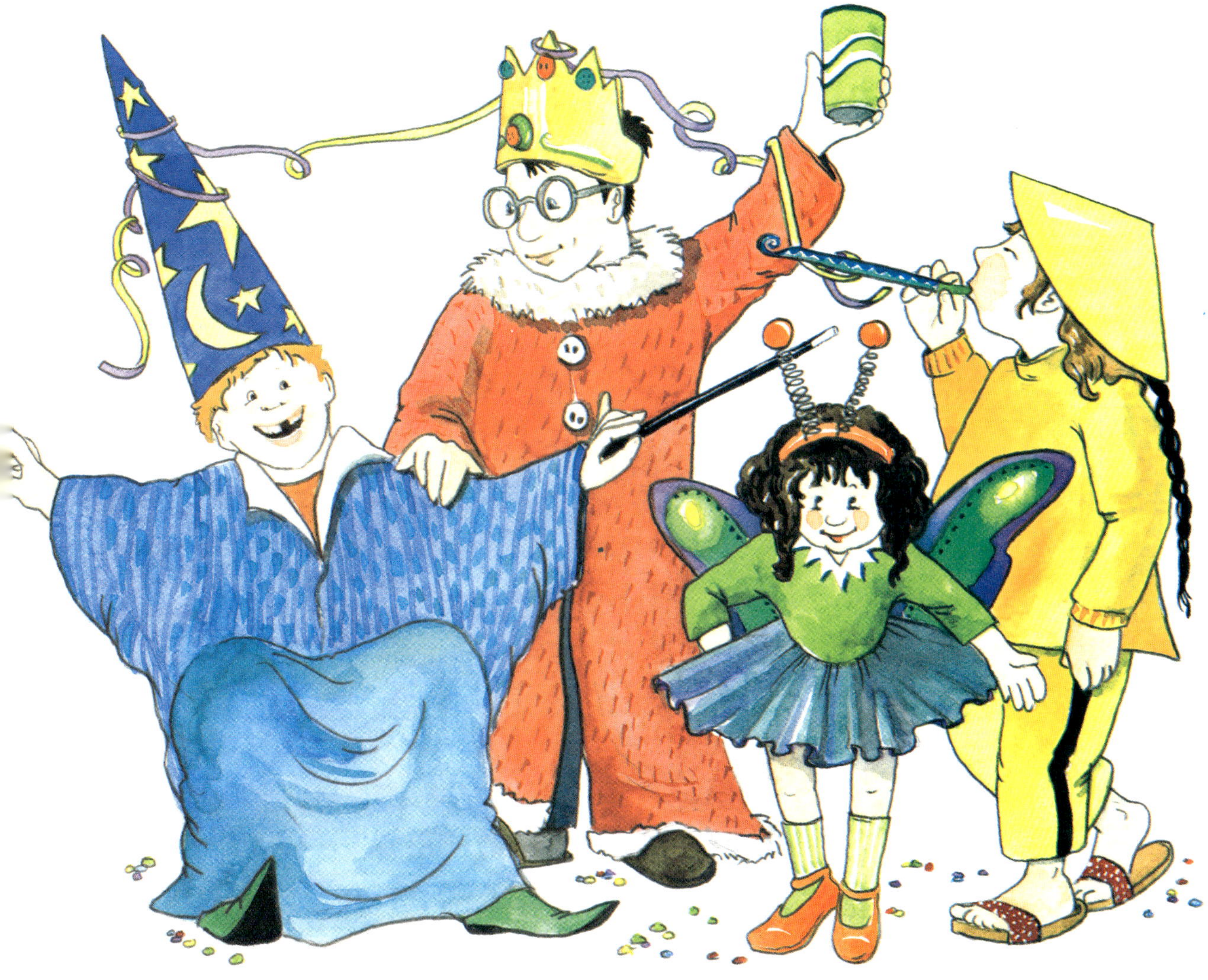

Namenssuche

Material:
Plakatkarton
Schere
Filzstifte
Klebestifte

> Dieses lustige Partyspiel wird sicherlich allen Gästen gefallen. Die Vorbereitung ist nicht schwer, kostet allerdings etwas Zeit. Jeder Gast darf sich bei diesem Spiel Kärtchen mit den Buchstaben seines Namens zusammensuchen und auf ein vorbereitetes Plakat aufkleben.

1. Schreibe zuerst die Namen deiner Gäste auf und zähle die einzelnen Buchstaben ab. Die Anzahl der Buchstaben bestimmt die Anzahl der Kärtchen, die du brauchst.

2. Aus Karton schneidest du dir nun die Kärtchen (ca. 5 x 5 cm) zurecht.

3. Schreibe mit Filzstiften nun die Namen deiner Gäste auf die Kärtchen, dabei jeweils nur ein Buchstabe auf ein Kärtchen schreiben.

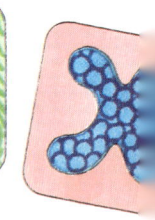

Spielvarianten

1. Vor der Party werden alle Buchstaben im Raum versteckt. Wenn alle Gäste gekommen sind, dürfen sie sich auf die Suche machen. Wer alle Buchstaben seines Namens gefunden hat, klebt diese auf ein vorbereitetes Plakat. Während der Feier bleibt das Plakat mit den aufgeklebten Namen für alle sichtbar, zum Beispiel an der Tür, hängen. So kann es für weitere Spiele auch als Anzeigetafel für den Punktestand verwendet werden.

2. Alle Buchstaben liegen verteilt, zusammen mit Filzstiften, auf dem Tisch. Die Gäste suchen sich ihre Buchstaben aus und bemalen und verzieren die Kärtchen mit Filzstiften. Am Ende der Party darf jeder seine Buchstaben mit nach Hause nehmen und hat so ein hübsches Namensschild gestaltet.

3. Die Buchstabenkarten liegen umgedreht auf dem Tisch. Jedes Kind darf sich eine bestimmte Anzahl von Kärtchen nehmen. Wer kann ein Wort zusammenstellen? Dabei dürfen Buchstaben auch ausgetauscht werden.

Der Tanzwurm

Die Polonaise (französisch: „Tanz") ist gerade im Fasching eine immer wieder beliebte Tanzform. Die Kinder bilden eine lange Schlange und legen dabei ihre Hände auf die Schultern des jeweils vorausgehenden Kindes. So ziehen sie durch den Saal und fordern auch die noch etwas schüchternen Faschingsbesucher auf, mitzumachen.

Text: Werner Tenta
Melodie: Andreas Altstetter/Werner Tenta

1. „Mach mit", sagt die Henne, „der Tanzwurm fängt an".
„Das lass ich mir nicht entgehen", ruft da der Hahn.

Refrain:
Komm doch mit, sei nicht faul, tanz doch mit mir,
denn dann wird der Tanzwurm ein ganz langes Tier.

2. Der Pfau, der stolziert, stampfend folgt ihm der Stier.
Der Tanzwurm der wächst,
denn nun sind wir schon vier.
Refrain:

3. Der Hund tapst nun hinterher mit lautem Gebell.
Die Katze schließt sich ihm an,
putzt dabei noch ihr Fell.
Refrain:

4. Der Papagei fliegt auch herbei in seiner Farbenpracht.
Der Frosch quakt, „nun wart auf mich,
dann sind wir schon acht."
Refrain:

5. Und alle, die diesen Tanzwurm jetzt sehn,
sollten ein kleines Stück mit ihm nun gehen.
Refrain:

Geister

Geister sind Wesen, die in der Nacht in alten Gemäuern umherspuken und uns Menschen mit ihrem Geheule erschrecken. Zumindest glauben manche Leute fest an solche Geister, obwohl noch niemand den Beweis antreten konnte, dass es sie tatsächlich gibt. Einen Geist zu spielen, sich dabei in ein weißes Betttuch zu hüllen und unheimliche Laute von sich zu geben, macht vielen Kindern Spaß. Schafft man mit etwas schummrigem Kerzenlicht und schaurig, schönen Geschichten die richtige Atmosphäre, so kann es auch dem frechsten Betttuchgeist unter uns in seiner Verkleidung ein wenig bange werden.

Material:
Vorsicht, der Geist erwacht!
2 Suppenteller
ca. 300 g Salz
1 Tee- oder Suppenlöffel
1 Ei
Lebensmittelfarbe für die Geisteraugen
1 Bettlaken
Teilnehmer:
ab 3 Kinder

Vorsicht, der Geist erwacht!

Viele Kinder sind neugierig, wie Geister wohl aussehen und manche wollen sich auch auf die Suche nach ihnen machen. Haben sie einen schlafenden Geist gefunden, ist es aber ratsam, ihn nicht zu wecken. In diesem Spiel kann man voll Spannung abwarten, wer den Geist dennoch weckt.

Zur Spielvorbereitung wird ein Suppenteller voll Salz auf den Tisch gestellt. In das Salz eingebettet steht ein mit Geisteraugen bemaltes Ei. Die Mitspieler sitzen alle um den Tisch und jeder nimmt der Reihe nach mit einem Tee- oder Suppenlöffel etwas Salz aus dem Teller und füllt es in einen zweiten, leeren Teller um. Doch wehe, wenn der Geist erwacht (das Ei im Teller umkippt)! Derjenige, der den Geist aus seinem Schlaf erweckt, muss dem Geist ein Pfand geben, damit er von ihm in Ruhe gelassen wird.

So löst man sein Pfand nach dem Spiel wieder ein:
Der Spieler muss als „schwebender" Geist, eingehüllt in ein weißes Bettlaken und wie ein Geist heulend, um das Haus laufen.

Ein oder mehrere Spieler sollen mit verbundenen Augen verschiedene Geräusche erkennen (zum Beispiel: Klappern von Besteck, Kratzgeräusch von Fingernägeln an einer Tür, Zerknüllen von Papier usw.)

Variante

Ein Kind verkleidet sich ohne Wissen der anderen Mitspieler als Geist und erschreckt zum richtigen Zeitpunkt (das Ei im Teller ist gerade umgefallen) und auf Zeichen des Spielleiters hin die Mitspieler, indem es mit Geistergeheul aus seinem Versteck kommt.

Geisterjäger

Unsere Geister spielen gern Ball und gesellen sich deshalb unsichtbar zu Kindern, die sich laut lachend und tobend einen Ball zuwerfen. Die Geister haben beim Versuch den Ball zu fangen, großen Spaß – aber natürlich gelingt ihnen dies nicht, weil der Ball ja durch sie hindurch fliegt!

Je nach Anzahl der Mitspieler kann dieses Fangspiel auf einem Spielfeld von 10 x 10 bis 20 x 20 m gespielt werden. Als Begrenzungsmarken können z. B. Jacken, Schuhe o. Ä. ausgelegt werden. Ein Fänger verfolgt einen Geist (Gejagten) und versucht, ihn durch Abschlagen zu fangen. Die Geister besitzen einen oder mehrere Geisterbälle, die es dem jeweiligen Ballträger ermöglichen, sich „unsichtbar" zu machen und so vor dem Geisterjäger sicher zu sein. Alle Geister versuchen dem gerade gejagten Geist zu helfen, indem sie ihm einen Geisterball zuwerfen. Fängt er den Ball, so wird er in diesem Moment für den Fänger unsichtbar. Der Geisterjäger, muss sich dann ein neues Opfer suchen. Gelingt es dem Geisterjäger einen Geist abzuschlagen, so wird dieser zum neuen Geisterjäger. Das gleiche gilt auch, wenn der gejagte Geist das Spielfeld verlässt. Spielen sich die Geister die Bälle so geschickt zu, dass es dem Jäger nicht gelingt, einen Geist zu erhaschen, wird die Anzahl der Bälle verringert oder die Fangzeit festgelegt.

Variante

Ein Fänger hat 2 Minuten Zeit, um möglichst viele Geister abzuschlagen. Welcher Geisterjäger ist dabei am erfolgreichsten?

Material:
Geisterjäger
mehrere Bälle
Jacken, Schuhe etc.
als Begrenzungsmarken
Teilnehmer:
ab 4 Kinder

Material:
Geisterballrennen
Luftballon
weißes Tuch
Teilnehmer:
4–5 Kinder

Ein Geist – zwei Augen – huuh!

Der Satz: „Ein Geist – zwei Augen – huuh!" wandert in dieser Aufteilung der Reihe nach im Kreis herum. Der Obergeist beginnt mit: „Ein Geist", sein linker Nachbar ergänzt: „zwei Augen" und der nächste Geist schließt den Satz mit einem schaurigen „huuh!". Das Spiel setzt sich nun fort, indem der nächste Geist mit dem Satz beginnt: „Zwei Geister", darauf folgt: „vier Augen" und dann: „huuh!". Das nächste Kind beendet diesen Satz mit dem zweiten „huuh!". Der Geisterschrei „huuh", darf nämlich von einem Kind nur einmal ausgestoßen werden, sodass bei steigender Zahl der Geister in diesem Satz immer mehr Kinder an dem gleichen Satz beteiligt sind. Wenn jemand einen Fehler macht, beginnt der Satz wieder von vorn mit: „Ein Geist".

Das Geistersatzspiel löst oft Heiterkeit aus, weil bei schnellen Durchgängen die Teilnehmer die Zahl der Geister mit der Anzahl der Augen durcheinander bringen.

Geisterballrennen

Zur Geisterstunde schlagen unsere Geister jeden Fremden mit lautem Geheule und Kettengerassel wieder in die Flucht. Oft bleiben sie dann viele Wochen unter sich, denn keiner getraut sich mehr in ihre Nähe. Damit es ihnen nun nicht zu langweilig wird, denken sich die Geister kleine Spiele aus.

Alle „Geister" sitzen im Kreis, einer hält den Geisterball (ein Luftballon, gebunden in ein weißes Tuch) in seinen Händen. Er nennt seinem linken Nachbarn einen Buchstaben, zum Beispiel ein „G" und reicht seinem rechten Nachbarn den Geisterball. Der betreffende Geist muss nun versuchen, möglichst schnell drei Wörter mit dem Anfangsbuchstaben „G" zu nennen. In der Zwischenzeit geben die anderen Kinder, so rasch es geht, den Geisterball im Kreis herum. Gelingt es dem Kind drei Wörter zu nennen, bevor der Geisterball bei ihm angelangt ist, gibt es den Ball an seinen rechten Nachbarn weiter und stellt seinem linken Nachbarn eine neue Aufgabe. Das Geisterballrennen startet dann von vorne. Gelingt es ihm nicht, bekommt es einen Punkt. Wer hat am Ende des Spiels die wenigsten Punkte?

Geisterkanon

> Der Kanon ist eine Gesangsart, bei der die Sänger, zum Beispiel in vier Gruppen aufgeteilt, mit dem gleichen Lied hintereinander beginnen. Dabei wird ein bestimmter Abstand eingehalten, damit das Lied harmonisch klingt.

Kanon zu 4 Stimmen

Text: Werner Tenta
Melodie: Andreas Altstetter

Kommt doch alle, ihr lieben Geister,
tanzt mit eurem Gespenstermeister.
Heult und jault dann um die Wette,
rasselt mit der Geisterkette.

Moritz, das kleine Gespenst

Material:
Gespenst
**leere Haushaltsrolle
weißes und blaues
Seidenpapier
weißes Tonpapier
Schere, Alleskleber
Wattekugel (Ø 6 cm)
blauer Filzstift
blaue Wollreste oder
blauer Bast**

Standuhr
**brauner Tonkarton
oder
Verpackungs-
schachtel einer
Flasche
Tonpapier in Gelb,
Weiß und
Dunkelbraun
Schere, Bleistift,
Lineal, Klebstoff**

Pünktlich um Mitternacht krabbelt das Gespenst Moritz aus seinem Versteck, um wie jedes andere Gespenst auch in der Geisterstunde zu spuken. Den ganzen Tag über schläft Moritz in einer alten Standuhr hinter dem Uhrenpendel. Das gleichmäßige Ticken der Standuhr wirkt auf ihn beruhigend und lässt ihn tief und fest schlummern. Und wenn die Uhr dann um Mitternacht zwölfmal schlägt, weckt sie Moritz pünktlich und zuverlässig zur Geisterstunde. In seinem vorherigen Versteck auf dem Dachboden eines alten Hauses kam es schon das ein oder andere Mal vor, dass Moritz die Geisterstunde verschlief. Das ärgerte ihn natürlich sehr, denn die anderen Geister machten sich dann über ihn lustig und hänselten ihn wegen seines Missgeschicks. In seinem neuen Versteck kann ihm so etwas zum Glück nicht mehr passieren.

Wenn du den Geist Moritz in der Standuhr selbst herstellen willst, musst du mit etwas Zeitaufwand rechnen.

Gespenst

1. Verkleide zunächst die Haushaltsrolle für den Körper des Gespenstes mit weißem Seidenpapier. Dazu schneidest du ein passendes Rechteck zu, wickelst die Papprolle damit ein und raffst das Papier oben zu einer Halskrause zusammen. Das Papier wird an den Enden und an der Papprolle festgeklebt.

2. Die Arme des Gespenstes schneidest du aus festem, weißen Tonpapier zu und beklebst sie mit zurechtgeschnittenem weißen Seidenpapier. Hinten am Körper des Gespenstes klebst du die Arme an.

3. Beklebe nun die Wattekugel mit blauen Woll- oder Bastresten für die Haare und gestalte das Gesicht. Zerknülle dazu blaues Seidenpapier zu einer kleinen Kugel und klebe diese als Nase auf. Augen und Mund malst du mit blauem Filzstift auf.

4. Zum Schluss klebst du den fertigen Kopf so an der Papprolle an, dass der Kragen darunter hervorschaut.

Standuhr

1. Findest du keine Verpackungsschachtel einer Flasche, kannst du dir die Grundform der Standuhr selbst herstellen. Dazu faltest du den rechteckig zugeschnittenen braunen Tonkarton an den in der Skizze eingezeichneten Linien um und klebst ihn an der Klebekante zusammen.

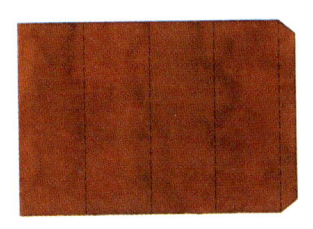

2. Den oberen Teil der Standuhr schneidest du bogenförmig aus, faltest den Karton und klebst ihn ebenso an der Klebekante zusammen. Dieser Teil der Uhr sollte ein paar Millimeter kleiner sein, damit beide Turmteile zusammengesteckt werden können.

3. Die Ecken an den Türmen schneidest du aus Kartonstreifen zu und klebst sie in der Mitte der Standuhr und als Abschlusskante fest.

4. Die weitere Ausgestaltung der Standuhr nimmst du mit ausgeschnittenen Tonpapierteilen vor. Das Pendel schneidest du aus dem gelben Tonpapier zurecht und klebst es auf. Das Zifferblatt schneidest du aus weißem Tonpapier zu und malst oder klebst die Ziffern und die Zeiger anschließend auf. Alle weiteren Verzierungen kannst du auch aufmalen oder aus Papierresten zuschneiden und aufkleben.

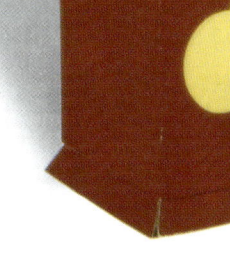

Geisterspuk

Material:
Polyblockplatte,
DIN A4
Bleistift,
Kugelschreiber
schwarze Druckfarbe
Glasplatte oder feste
Folie
Handwalze
weißes, saugfähiges
Zeichenpapier
Zeitungspapier

Kaum hat die Turmuhr zwölfmal geschlagen, werden die Geister des Zauberschlosses munter. Sie verlassen ihr Versteck, um fröhlich und guter Dinge durch das Schloss zu spuken. Aber die Zeit ist immer viel zu kurz, denn pünktlich eine Stunde später ist der Geisterspuk wieder vorbei. Ein schönes Geisterbild wirkt auch außerhalb der Faschingszeit in jedem Kinderzimmer dekorativ.

Das hier vorgestellte Druckverfahren ist in der Herstellung ungefährlich und nicht zeitaufwendig. Schon kleinere Kinder erzielen erstaunliche Werke und haben viel Spaß daran. Sie üben zugleich Bewegungen gezielt auszuführen und ihre Kraft angemessen einzusetzen.
Die Druckplatten können sehr günstig in verschiedenen Größen auch unter den Namen Styrene, Hartschaumplatten oder Polyblockplatten in Bastelgeschäften bezogen werden.

1. Polyblockplatten haben eine glatte Oberfläche, in die mit Kugelschreiber das gewünschte Motiv eingedrückt wird. Du kannst dein Bild direkt in die Platte eindrücken oder mit Vorlage arbeiten. Dazu wird ein Entwurf auf Zeichenpapier gemalt und dann auf die Druckplatte übertragen.

2. Zeichne dein Motiv leicht und ohne Druck direkt auf die Polyblockplatte. Nun drückst du mit dem Kugelschreiber die Konturen ein. Arbeitest du in Laufrichtung, lassen sich die Linien glatt und mühelos eindrücken. Gegen die Laufrichtung wirken die Linien manchmal wie gerissen. Dies kann beim späteren Abdruck eine sehr reizvolle Wirkung haben.

3. Alle vorgezeichneten Linien drückst du mit dem Kugelschreiber noch einmal nach, damit beim Druck die Konturen auch gut sichtbar werden.

4. Lege die Glasplatte oder Folie auf eine Unterlage aus Zeitungspapier und verteile darauf mit der Handwalze die schwarze Druckfarbe. Die Handwalze sollte gleichmäßig mit Farbe bedeckt sein.

5. Übertrage nun die Druckfarbe mit der Handwalze auf die Polyblockplatte, den so genannten Druckstock. Um ein Zuschmieren der Linien zu vermeiden, sollte der Farbauftrag sparsam sein. Lasse dir am besten von einem Erwachsenen dabei helfen.

6. Auf den so einfärbten Druckstock legst du saugfähiges Zeichenpapier und streichst mit dem Handballen vorsichtig darüber.

7. Jetzt kannst du dein Bild abziehen. Sollte der erste Druck nicht sofort gelingen, mache mehrere Abdrücke. Das richtige Einteilen der Farbmenge lernst du nämlich am besten durch einige Versuche.

8. Nun muss das Bild noch austrocknen. Mit einem Rahmen versehen, wirken die Bilder sehr schön. Auf diese Weise lassen sich auch sehr schöne Gruß-, Einladungs- oder Tischkarten gestalten.

Tipps:
Anstelle von Polyblockplatten können auch aufgeschnittene und gesäuberte Milchtüten benutzt werden. Dazu wird das Motiv in die Innenseite eingedrückt – fertig ist der Druckstock.
Wie bei allen Druckverfahren erscheinen Buchstaben spiegelverkehrt, daran sollte bei Schriften gedacht werden!

Hexen

Hexen machen viel Schabernack und Unfug, besonders, wenn es ihnen langweilig ist. Sie lieben es, alles auf den Kopf zu stellen und andere damit zu ärgern. Viele ihrer Streiche haben sie geplant und freuen sich diebisch darüber, wenn sie ihnen gelingen. Doch manchmal verursachen sie unfreiwillig ein Chaos. Gerade jungen Hexen unterlaufen noch so manche Fehler beim Einüben ihrer Zaubersprüche. Kein Wunder, denn im Alter von 200 bis 300 Jahren kann man von so unerfahrenen und jungen Hexenlehrlingen nicht erwarten, dass alles gleich perfekt gezaubert wird. Schaut euch nur an, was diese Hexen alles verwechseln und verdrehen!

Verdrehte Welt

Die Hexen haben viele Wörter vertauscht. Was ist falsch?

Max, der badet in der Kanne,
der Kaffee ist in der Wanne.
Auf der Gabel stolziert der Kater,
mit dem Giebel isst der Vater.
Hosen fressen gerne Heu,
Hasen trägt die Anna neu.
Der Hund, er leuchtet in der Nacht,
der Mond im Hundehäuschen wacht.
Die Katze trägt ihr Haus,
die Schnecke fängt eine Maus.
Die Traube fliegt in ihr Haus hinein,
mit der Taube machen wir süßen Wein.
Auf einem großen Wurm ich stand
und sah dabei den Turm im Sand.
Der Angler fängt einen großen Tisch,
die Blumen stehen auf dem Fisch.
Maria bürstet ihre Haare mit dem Schlamm,
Franz wälzt sich beim Fußball gern im Kamm.
Der Opa raucht gern abends eine Seife,
die Oma wäscht sich die Hände mit der Pfeife.

Wo hörst du ein „H"?

Ich bin die kleine Hexe Hermine
und hexe auf die Blume eine Biene.
Ich hexe Hasen in das Haus
und mache aus dem Hamster eine Maus.
Ich zaubere Hagel und Gewitter
für Urlauber ist das besonders bitter.
Und hab ich einen großen Zorn,
bekommt der Hahn auch mal ein Horn.
Ganz bunt mach ich heute mal den Hund,
das eckige Haus, das mach ich rund.
Die Hüte lass ich vom Wind verwehen,
Die anderen Hexen im Regen stehen.
Und so lang der Himmel bleibt noch hell,
fliegt mein Besen mich nach Haus ganz schnell.

Hexenlied

In der Märchenwelt vollbringen freundliche Hexen mit ihren Zaubereien gute Taten. Dass dabei auch manchmal etwas schief gehen kann, davon erzählt uns dieses Lied.

Text: Werner Tenta
Melodie: Werner Tenta / Andreas Altstetter

Ich bin die klei-ne He-xe und zau-be-re rund-he-rum. Die Füss-chen, die woll'n tan-zen und tram-peln bumm, bumm, bumm. Ich zau-be-re für mein Le-ben gern, mir macht das Zau-bern Spass. Die Leut', die kom-men von Nah und Fern und wün-schen sich dann was.

Ref.:
Ich bin die kleine Hexe
und zaubere rundherum.
Die Füßchen, die woll'n tanzen
und trampeln bumm, bumm, bumm.

1. Ich zaubere für mein Leben gern,
mir macht das Zaubern Spaß.
Die Leute, die kommen von Nah und Fern,
und wünschen sich dann was.

2. Der Erste bringt seine Henne mit,
sollt ihm goldene Eier legen.
Mein Zauberspruch war nicht der Hit,
ich ließ es Steine regnen.

3. Der Zweite wollt, dass seine Kuh
ihm Erdbeermilch soll geben.
Ich zauberte in aller Ruh,
doch die Erde fing an zu beben.

4. Dem Dritten tat der Bauch so weh,
er kam zu mir gerannt.
Ich zauberte mit Krötentee,
hab seinen Hut dabei verbrannt.

5. Und geht beim Zaubern mal was schief,
hab ich trotzdem Spaß daran.
Auf jedes noch so große Tief
schließt sich ein Hoch bald an.

Bewegungsanweisung zum Refrain:
Die Kinder stehen im Kreis und klatschen bei der ersten Zeile rhythmisch mit. Den Text der zweiten Zeile begleiten sie mit kreisenden Armbewegungen. In der dritten und vierten Zeile des Refrains stampfen die Kinder im Rhythmus mit den Füßen auf.

Die Waldhexe Isebith

Die kleine Waldhexe Isebith hat sich im Zauberladen ein Buchstabenspiel gekauft, um sich die langen Winterabende mit ihrer Freundin, der Moorhexe Sabedath, besser vertreiben zu können. Sie steckt das Spiel in ihren Rucksack und reitet voller Vorfreude auf ihrem Besen nach Hause. Immer wieder fliegt sie ganz übermütig Kapriolen, steigt mit ihrem Besen ganz steil nach oben, um dann im Sturzflug nach unten zu sausen. Sie lacht und kreischt dabei wie die Kinder auf dem Rummelplatz, die sich in der Achterbahn vergnügen. Die Hexe Isebith bemerkt bei diesen Kapriolen aber nicht, dass viele Buchstaben aus ihrem Rucksack purzeln und durch die Luft wirbeln.

Findest du alle „H"? Welche Buchstaben kennst du noch?

Hexe Christophera

> Die kleine Hexe Christophera ist erst 283 Jahre alt, also eine ziemlich junge Hexe. Doch sie hat in dieser kurzen Zeit schon viele Zaubersprüche gelernt, mit deren Hilfe sie große und kleine Zaubertricks vorführen kann. Ihr Publikum, Kinder in ihrer Straße, sind jedenfalls von ihren Auftritten begeistert und verabschieden sie jedes Mal mit viel Beifall.

Durch Ziehen an den Schnüren kann die hier vorgestellte Marionettenhexe schnell in jedes Hexenspiel einbezogen werden. Für die Herstellung dieser Spielfigur muss allerdings etwas Zeit und Ausdauer eingeplant werden.

Modellierton muss man nach dem Trocknen in einem speziellen Ofen brennen. Oft kann in Bastelgeschäften das fertige Stück gebrannt werden oder es lässt sich dort zumindest eine Adresse erfragen. Sollte keine Brennmöglichkeit in der Nähe sein, kann bei dieser Arbeit auf selbst härtende Modelliermasse, zum Beispiel Plastilin, ausgewichen werden.

1. Der Ton muss vorher kräftig durchgeknetet und geschlagen werden, um eingeschlossene Luftblasen zu entfernen, die das geformte Teil beim Brennen zerplatzen lassen könnten. Benutze für diese Arbeit eine abwaschbare Unterlage oder ein Holzbrett und lasse dir von einem Erwachsenen helfen.

2. Beginne mit dem Kopf. Forme eine Kugel und ziehe Augenbrauen und Wangen direkt aus dieser Grobform. Nase, Mund und Augen werden aus der Modelliermasse extra geformt und aufgesetzt. Dabei ist es wichtig, die Ansatzstellen gut zu befeuchten und kräftig zu verstreichen. So verhindert man ein späteres Abbrechen der Einzelteile. In den Hinterkopf stichst du mit Bleistift einige Löcher, um Lufteinschlüsse zu vermeiden. Diese Löcher werden später durch Haare versteckt. Stecke nun zwei vorher geschnittene und zurechtgebogene Drahtteile von oben und von unten so in den Kopf, dass sie später als Aufhängung dienen können.

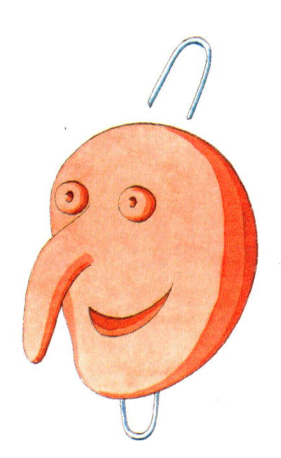

Material:
roter Modellierton oder Plastilin
abwaschbare Unterlage oder Schneidebrett
Wasser
Draht, Drahtzange
Bleistift
Stoffrest (60 x 30 cm)
Nadel, Faden, Schere
Haltestab (ca. 15 cm lang)
Bohrer
schwarzes Puppenhaar oder Wolle
Klebstoff

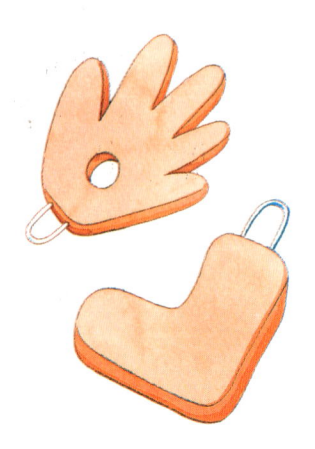

3. Forme jetzt aus der Modelliermasse Hände und Füße. Sollte der Ton angetrocknet sein, befeuchtest du deine Hände und arbeitest das Wasser mit ein. In jedes Teil wird ebenfalls eine Drahtschlinge gesteckt. Durch die Hände bohrst du in die Mitte jeweils mit Bleistift ein Loch.

4. Um Risse zu vermeiden müssen nun die Körperteile aus Modelliermasse einige Tage an einem kühlen Ort austrocknen.

5. In der Zwischenzeit kannst du das Kleid für deine Hexe anfertigen. Lege dazu den Stoffrest zu einem Viereck und nähe ihn bis auf eine kleine Öffnung zusammen. Lasse dir auch dabei am besten von einem Erwachsenen helfen.

6. Durch diese offene Stelle wendest du den Stoff, die restliche Naht wird von außen geschlossen. Raffe mit Nadel und Faden den Stoff zuerst quer in der Mitte, danach senkrecht die obere Hälfte. Die Enden werden fest vernäht.

7. In den Haltestab bohrst du drei Löcher – ein Loch in die Mitte und jeweils ein Loch außen an den Seiten.

8. Um den inzwischen gebrannten oder ausgetrockneten Kopf klebst du rundherum schwarzes Puppenhaar oder Wolle. Achte dabei darauf, dass die Drahtschlinge nicht verdeckt wird.

9. Nun kannst du die Einzelteile zu einer Spielpuppe verbinden. Zuerst nähst du Hände und Füße fest an die Ecken des Kleides. Der Kopf wird an der Mitte des Kleides festgenäht.

10. Schneide drei Bindfadenstücke zu: zwei Fäden ca. 30 cm lang, einen Faden 15 cm lang. Der kurze Faden wird durch die Mitte des Haltestabes gezogen und verknotet. Das andere Ende ziehst du durch die Drahtschlaufe am Kopf und verknotest es ebenso fest.

11. Die längeren Fäden ziehst du durch Hände, verknotest sie und befestigst sie am jeweils passenden Ende des Haltestabes. Dieser Faden kann in entsprechender Länge an einem Stück an der Puppe angeknotet werden. Zum Schluss werden alle Drahtschlingen vorsichtshalber noch zusätzlich mit Kleber stabilisiert. Fertig ist deine kleine Hexe. Das Spiel mit der Marionette kann nun beginnen!

Indianer

Die Indianer sind die Ureinwohner Amerikas. Ihren Namen erhielten sie von Christoph Kolumbus, der vor rund 500 Jahren auf einer langen Entdeckungsreise mit seinem Schiff an einer fremden Küste gelandet war. Er glaubte irrtümlich, in Indien an Land gegangen zu sein und gab den freundlichen Ureinwohnern Amerikas den Namen Indianer. Auch bei uns gibt es viele Indianer, allerdings nur zur Faschingszeit. Dann verkleiden sich viele Kinder in Häuptlinge, wilde Krieger oder schöne Indianersquaws. Mit Federschmuck, Pfeil und Bogen und einer farbenfrohen Kriegsbemalung im Gesicht können dann Indianerspiele und Indianerwettkämpfe veranstaltet werden.

Material:
Tonpapier
Schere, Bleistift
bunte Federn
Klebstoff
Locher
Band

Indianerkopfschmuck

Ein richtiger Indianer braucht natürlich einen schönen Kopfschmuck. Je stärker und mächtiger er in seinem Stamm ist, desto größer und schöner ist sein Federschmuck. Ob er nun auf dem Kriegspfad ist, auf der Jagd durch die Gegend streift oder zu Hause in seinem Wigwam die Friedenspfeife raucht, er trägt dabei immer seinen Kopfschmuck. Der Indianerhäuptling bevorzugt einen Kopfschmuck aus vielen bunten Federn.

Mit wenig Zeit- und Materialaufwand kannst du dir einen solchen Federschmuck selbst herstellen:

1. Schneide dir zwei Streifen Tonpapier (je 20 x 4 cm) zurecht. Auf einen Streifen klebst du die Federn auf.

2. Nun klebst du den zweiten Tonpapierstreifen so darüber, dass die Federn dazwischen liegen. In die Enden der Streifen stanzt du Löcher, ziehst ein passendes Band durch und verknotest es.

Tanz der Indianer

Zu rhythmischem Singen und Stampfen könnt ihr nun, als Indianer verkleidet, die schönsten Indianertänze aufführen. Umgedrehte Töpfe dienen dabei als Trommeln, auf die ihr mit Kochlöffel schlagt.

Die Indianer erzählen sich überlieferte Geschichten und eigene Erlebnisse durch den Tanz. Ihr könnt ihnen dies gleichtun und eure Indianerabenteuer tanzend erzählen. Die Indianer gehen zunächst im Rhythmus der Trommeln im Kreis. Häuptling „Tanzender Büffel" (Spielleiter) läuft im Kreis seinen Stammesbrüdern entgegen und gibt dabei für alle Indianer die Bewegungen vor:

⇒ die Indianer reiten durch die Prärie (galoppierend im Kreis laufen, die Zügel in den Händen)
⇒ sie stoppen ihre Pferde und steigen ab
⇒ sie halten Ausschau (Hand über die Augen halten)
⇒ sie legen eine Hand ans Ohr, um besser hören zu können (Spielleiter surrt wie ein Insektenschwarm)
⇒ sie schleichen in gebückter Haltung durch hohes Gras (Knie bei jedem Schritt hochziehen, mit den Armen das Gras auseinander drücken, dabei den Kopf tief nehmen)
⇒ sie geben sich Zeichen, die nur ein Indianer verstehen kann
⇒ sie rennen mit lautem Kriegsgeheul dem „summenden Feind" entgegen
⇒ sie halten plötzlich inne, erschrecken, schlagen und fuchteln mit den Händen wild um sich, laufen dann in entgegengesetzter Richtung im Kreis, hüpfen dabei immer wieder hoch und rufen „Autsch, es hat mich gestochen!", „Au, genau in mein Hinterteil!" u.s.w., denn sie werden nun von einem Bienenschwarm verfolgt.
⇒ die Indianer gehen nun humpelnd und ihre Wehwehchen reibend nach Hause
⇒ sie legen sich erschöpft und müde in ihren Wigwam

Material:
einige Töpfe
Kochlöffel
Indianerkopf- und
-körperschmuck
Teilnehmer:
Spielleiter
ab 2 Kinder

Indianer auf der Jagd

Material:
Stühle (einer weniger als Anzahl der Teilnehmer)
Teilnehmer:
ab 4 Kinder

> Das Indianerleben ist voller Abenteuer, aber oft auch beschwerlich. Wenn es um alltägliche Dinge wie zum Beispiel die Nahrungssuche geht, bleiben unsere Indianer nicht immer von Pannen verschont. Unser Häuptling „Lustige Feder" ist ein solcher Pannenvogel.

Zur Spielvorbereitung werden zunächst Stühle mit der Lehne nach innen im Kreis aufgestellt. Es steht dabei ein Stuhl weniger im Kreis, als es Mitspieler gibt. David ist der Häuptling „Lustige Feder" und geht um den Stuhlkreis. Alle Indianer marschieren hinter ihm her. Der Häuptling verkündet: „Wir schleichen uns an die Büffelherde heran." Er macht dabei die betreffende Bewegung vor, die alle anderen nachmachen. „Eine Büffelherde am Horizont!", ist seine nächste Botschaft und alle halten sich wie er zum Schutz gegen die Sonne die Hand an die Stirn und suchen die Büffelherde. Dabei gehen sie immer um den Stuhlkreis. „Wir zielen mit Pfeil und Bogen auf die Büffel." David spannt dabei den Bogen. Alle machen wieder mit. Häuptling „Lustige Feder" muss niesen und ärgert sich nun, da er deswegen daneben geschossen hat. Er stampft nun aus Wut im Gehen mit den Füßen auf den Boden. Alle tun es ihm natürlich gleich. Sowie er aber ruft: „Wir ruhen uns aus.", muss jeder versuchen, sich schnell auf einen Stuhl zu setzen. Wer keinen Sitzplatz ergattern kann, spielt in der nächsten Runde den Häuptling und marschiert als Erster voran. Das gleiche gilt natürlich auch für denjenigen, der sich zu früh auf einen Stuhl gesetzt hat. Häuptling „Lustige Feder" muss aber auch noch andere Abenteuer und Aufgaben meistern. So fängt er zum Beispiel ein Wildpferd und reitet es zu oder er macht ein Lagerfeuer und zündet sich die Friedenspfeife an. Auch hier bleibt er von Pannen nicht verschont!

Das Indianerschatz-Spiel

Bei diesem Spiel kommt es auf eine gute Reaktion an. Aber wer ein richtiger Indianer sein will, muss schnell reagieren. Oft müssen sie flink wilden Tieren ausweichen, Angriffe ihrer Feinde geschickt abwehren oder ihren Indianerschatz schnell in Sicherheit bringen.

Material:
Fingerfarben
„Indianerschatz"
(z. B. Spielkarte)
Teilnehmer:
ab 4 Kinder

Um einen Tisch herum sitzen die Mitspieler, in der Tischmitte liegt der „Indianerschatz" (z. B.: eine Spielkarte). Alle Hände sind unter dem Tisch. Der Spielleiter erzählt eine spannende Indianergeschichte und alle Indianer am Tisch hören aufmerksam zu. Denn sowie in dieser Geschichte das Wort „Indianerschatz" vorkommt, legen alle eine Hand auf den Indianerschatz (z. B. Spielkarte). Der Indianer, der am langsamsten reagiert und seine Hand zuletzt auf den Schatz legt, bekommt vom Spielleiter mit Fingerfarbe einen Strich auf die Stirn oder Wange gemalt. Natürlich erzählt der Spielleiter so, dass man schon genau hinhören muss. Er erzählt von Indianerfedern, von einem Indianerzelt oder gar von einer Indianerschatztruhe. Wer bei diesem Wort dann zuerst nach dem Schatz auf der Tischmitte greift, erhält ebenfalls einen Strich.

Gewonnen hat der Indianer, der am Ende der Geschichte die wenigsten Striche hat. Für gute Stimmung und Heiterkeit sorgen allerdings diejenigen, die mit ihrer Indianerbemalung aussehen, als wären sie auf dem Kriegspfad.

Variante
Wer zuletzt nach dem Schatz greift oder zu voreilig war, bekommt den Strich in sein Gesicht gemalt und erzählt dann selber die Geschichte weiter. Das Spielende wird dabei zeitlich festgelegt.

Kampf der wilden Krieger

Material:
zwei Ziegelsteine oder leere Dosen
Einkaufstüte aus Stoff
Woll- und Schaumstoffreste, T-Shirt oder Handtuch
Teilnehmer:
Spielleiter
ab 2 Kinder

Variante

Wollen mehrere wilde Krieger ihre Kräfte messen, können auch zwei Mannschaften gebildet werden, die gegeneinander antreten. Jeder Sieg bringt für die eigene Mannschaft einen Punkt. Der Sieger eines Duells bleibt dabei solange auf seinem Podest stehen, bis er gegen einen anderen verliert.

Wilde Krieger und Kriegerinnen wollen ab und zu ihre Kräfte messen. Dabei lassen sie sich auch nicht so leicht von größeren und stärkeren Indianern und Indianerinnen beeindrucken. Bei diesem Zweikampfspiel entscheidet aber auch nicht unbedingt die größere Kraft, sondern vielmehr die größere Geschicklichkeit und das bessere Balancegefühl.

Beide Wettkämpfer stehen auf je zwei Ziegelsteinen oder leeren Dosen, die in einer Linie aufgestellt werden. Der Abstand zwischen den zwei Indianern beträgt 80 bis 100 cm. Jeder hält in seiner rechten Hand einen Schlagsack. (Einen Schlagsack kann man relativ einfach herstellen. Man benötigt dazu lediglich eine umweltfreundliche Einkaufstüte aus Stoff, die mit allerlei weichem Material gefüllt wird, z. B. Woll- und Schaumstoffreste, T-Shirt, Handtuch). Auf das Kommando des Spielleiters versucht nun jeder der beiden Kämpfer, den anderen aus dem Gleichgewicht zu bringen, indem er mit seinem Schlagsack seitlich auf den Körper seines Gegenspielers schlägt. Der Schlagsack des Gegners darf dabei nicht festgehalten werden. Oft genügt aber schon ein Antäuschen eines Schlages oder eine Ausweichbewegung, die den Angreifer ins Leere schlagen lässt, um den wilden Krieger aus dem Gleichgewicht zu bringen. Derjenige, der zuerst von seinem schmalen, wackligen Podest absteigen muss, hat diesen Kampf verloren. Natürlich gibt es dann eine Revanche. Wer insgesamt dreimal gewonnen hat, ist der endgültige Sieger und wird zum Häuptling „Schlagender Wollsack" ernannt.

Indianer „Schwarzes Rabenauge"

Der Indianer „Schwarzes Rabenauge" hat nach einem wilden Ausritt einige Dinge verloren. Was fehlt ihm im unteren Bild? Siehst du den Unterschied?

Kokosnussfiguren

Material:
**Kokosnüsse
Handsäge
Schraubenzieher
Tonpapier
Schere, Klebstoff
bunte Federn, Bast-,
Filz-, Lederreste u. Ä.
schwarze Wolle**

> Im Indianerdorf leben freundliche Menschen, die Spaß und Freude am Singen und Tanzen haben. Vor jedem Festtag werden die Trommeln ausprobiert und für das Fest machen sich alle ganz besonders hübsch. Sie setzen sich den schönsten Federschmuck auf und legen ihre Tanz- und Kriegsbemalung an. Die hier vorgestellten Indianer lassen sich beliebig dekorieren. Viele Dinge zum Schmücken gibt es im Haushalt. Oft finden sich die tollsten Sachen, um die Kokosnussfiguren fantasievoll gestalten zu können.

1. Bei der Bearbeitung der Kokosnuss ist es am besten, wenn ein Erwachsener mithilft. Damit die Kokosnuss ausfließen kann, bohrst du zwei Keimgruben unten an der Nuss an. Diese Milch schmeckt übrigens sehr lecker! (1)

2. Säge nun vorsichtig mit der Handsäge eine Ecke aus der Kokosnuss. Da die Schale sehr hart ist, muss mit etwas Kraftaufwand gearbeitet werden. (2)

3. Mit einem sauberen Schraubenzieher löst du nun vorsichtig das Kokosfleisch in kleinen Stücken von der Schale. Auch das süße Fleisch der Kokosnuss schmeckt hervorragend!

4. Schneide aus Tonpapier einen ca. 30 cm langen und 10 cm breiten Streifen zu und klebe ihn zu einer Röhre zusammen. (3)

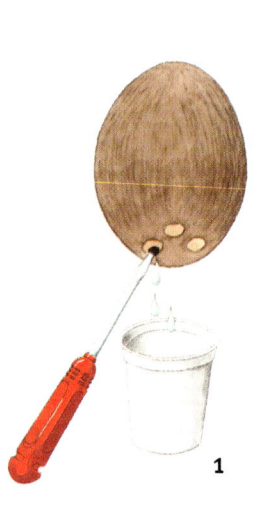

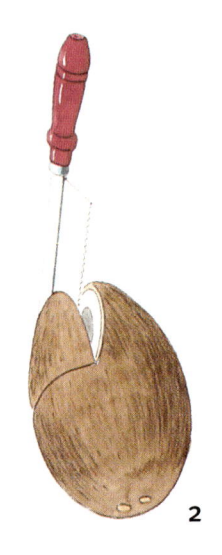

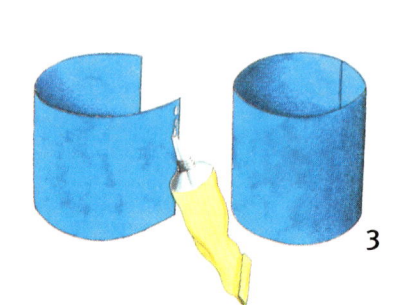

5. Die vorher ausgesägte Ecke der Kokosnuss wird wieder angeklebt, damit du später darauf die Haare festkleben kannst. Setze nun die Kokosnuss auf die Tonpapierröhre und klebe beide Teile zusammen. (4)

6. Wenn alle Teile fest angetrocknet sind, kannst du mit dem Ausgestalten der Kokosnussfigur beginnen. Ziehe die schwarze Wolle auseinander und beklebe damit den Kopf des Indianers. Die Zöpfe der Indianersquaw flechtest du vor dem Ankleben. Lege dazu viele Wollfäden in gewünschter Länge zusammen und binde sie an einem Ende ab. (5)
Die abgebundenen Enden teilst du in drei gleich große Stränge und flechtest dann jeweils einen Zopf. Das Zopfende verknotest du ebenfalls mit einem Wollfaden. (6)

7. Aus Filzresten schneidest du Augen und Mund zu und klebst sie anschließend auf die Kokosnuss. Die Tonpapierröhre kann vielfältig geschmückt werden. Beklebe die Röhre mit Lederresten und dekoriere die Figur mit einem in Fransen geschnittenen Lederband. Um den Hals der Squaw legst du ein zuvor gedrehtes Kordelband.

8. Die Indianerfedern dürfen natürlich nicht fehlen. Passe deiner Kokosnussfigur ein Stirnband aus Bast an und klebe die Federn innen am Band fest. Zum Schluss erhält der Häuptling noch seine Kriegsbemalung aus dünnen Filzstreifen und dann kann der Indianertanz endlich beginnen!

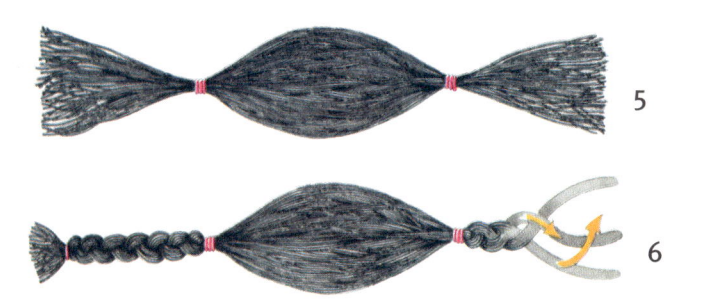

Tipp
Diese Kokosnussfiguren sind ein hübscher Blickfang auf dem Fensterbrett. Sie eignen sich auch ideal als Tischschmuck oder zur Partydekoration. Vor allem halten sie ewig, vorausgesetzt sie werden ausgehöhlt und gut geklebt. Zudem bereiten die Vorarbeiten das Vergnügen, die Milch und das süße Fleisch der Kokosnuss genießen zu können.

Jahreszeiten

Ein Jahr hat 365 Tage, das ist fast genau die Zeit, welche die Erde benötigt, um einmal die Sonne zu umkreisen. Tage und Wochen fasst man zu Monaten zusammen, die wiederum in die Jahreszeiten Frühling, Sommer, Herbst und Winter unterteilt werden. Im Frühling blühen die Blumen in den prächtigsten Farben. Wenn die Sonne scheint, gehst du im Sommer zum Baden oder Segeln. Im Herbst lässt du die Drachen steigen. Der Winter ist sehr kalt und hüllt das ganze Land in eine weiße Decke. Jede Jahreszeit kann mit ihren besonderen Merkmalen oder durch bestimmte Aktivitäten beschrieben werden.

Material:
dünner Draht,
Blumendraht,
Drahtzange
Zeitungspapier
Kleister
Pinsel, Deckweiß,
Plakafarben
Schere, Klebstoff
Kartonreste

Drahtbuchstaben

Durch die Herstellung und Ausgestaltung von Drahtbuchstaben können die Jahreszeiten bildlich dargestellt und später als Wand- oder Türdekoration verwendet werden.

1. Biege den Draht zu einem Buchstaben deiner Wahl oder setze ihn aus verschiedenen Teilen zusammen, indem du die Einzelstücke mit Blumendraht verknotest. Überstehende Drahtteile schneidest du mit der Zange ab. Lasse dir dabei von einem Erwachsenen helfen.

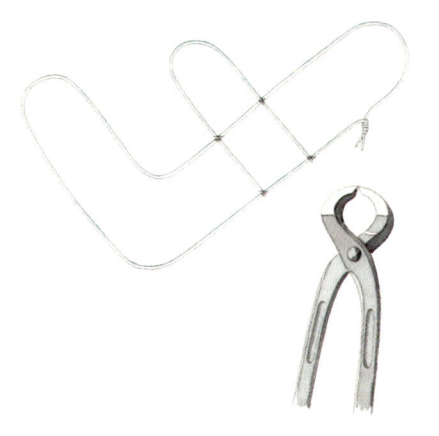

2. Reiße alte Zeitungen in Streifen und bestreiche sie mit dem zuvor angerührten Tapetenkleister. Diese Papierstreifen klebst du nun um das Drahtgerüst des Buchstabens. Gerade die Verbindungsstellen der einzelnen Drahtteile können damit gut versteckt werden. Klebst du mehrere Schichten Papier übereinander, verleihst du dem Buchstaben einen größeren Halt. Vor einer weiteren Bearbeitung musst du das Kleisterpapier einige Stunden austrocknen lassen.

3. Nach dem Trocknen grundierst du das fest gewordene Papier mit Deckweiß. Diese Farbschicht muss ganz ausgetrocknet sein, bevor du weiterarbeiten kannst.

4. Jetzt kannst du deinen Buchstaben mit der Farbe deiner Wahl bemalen.

5. Zur Ausgestaltung des Buchstabens schneidest du dir zum Thema passende Motive aus Karton aus. Diese Teile bemalst du ebenfalls mit Plakafarbe.

6. Lege nun die fertigen Motive auf den Buchstaben und schiebe sie solange hin und her, bis du mit der Ausgestaltung zufrieden bist. Dann klebst du die Motive auf.

Tipp:
Mit dieser Technik lassen sich Anfangsbuchstaben oder ganze Namen schön gestalten und können dann als Türschmuck eingesetzt werden.

Im Frühjahr

Im Frühjahr fängt die Natur an, sich wieder in ihren schönsten Farben zu zeigen. Sie schickt die Singvögel, die aus dem Süden zurückkehren, als ihre Frühlingsboten. Die ersten wärmenden Sonnenstrahlen lassen Tiere aus ihrem Winterschlaf erwachen und Blumen und andere Pflanzen beginnen zu wachsen und zu blühen. Die Welt wird wieder wärmer und bunter und die Kinder können es kaum erwarten, draußen zu spielen.
Auf diesem Frühlingsbild siehst du Dinge, die mit dieser Jahreszeit nichts zu tun haben. Findest du sie alle?

Im Sommer

Endlich Sommerzeit! Die Tage sind wieder länger und die Sonne lädt uns alle ein, sich draußen in der Natur zu bewegen. Keine dicken Jacken und Pullover mehr tragen zu müssen, das schöne Wetter zu genießen, ein leckeres Eis im Garten zu essen, ist für viele eine Wohltat. Auch die Kinder freuen sich darauf, im Freien zu spielen und herumzutoben. An besonders heißen Tagen gibt es für sie meist nichts Schöneres, als im Freibad oder am See im Wasser zu planschen und sich abzukühlen.

Auf dem Bild findest du Dinge, die im Schwimmbad nicht gebraucht werden! Welche sind es?

Im Herbst

In dieser Jahreszeit gehen die Temperaturen wieder zurück, es wird kälter und die Kinder tauschen ihre Sandalen und die leichte Sommerkleidung in festere Schuhe und wärmere Kleidung um. Viele Tiere bereiten sich auf den nahenden Winter vor, indem sie fleißig Nahrung sammeln und in Verstecken aufbewahren. Die Natur verändert ihre Farben. Die Blätter an den Bäumen bekommen verschiedene Brauntöne und bunt blühende Herbstblumen verschönern die Gärten. Mit dem Schwimmen im Freibad ist es zwar vorerst vorbei, dennoch bieten sich uns an trockenen Tagen viele Möglichkeiten, draußen etwas zu unternehmen. Durch Berge von Laub zu stapfen oder Kastanien zu sammeln, gefällt den Kindern sehr. Wenn aber erst der Wind richtig bläst, ist es an der Zeit, den Drachen aus dem Keller oder vom Dachboden zu holen und ihn durch die Lüfte fliegen zu lassen.
In das Herbstbild haben sich Fehler eingeschlichen. Findest du die Fehler?

Im Winter

Die Bäume haben ihre Blätter abgeworfen und die Blumen blühen nicht mehr. Die Tage werden jetzt kürzer und kälter und das Jahr geht seinem Ende entgegen. Weihnachten steht vor der Tür und die Vorfreude darauf nimmt bei Erwachsenen und Kindern langsam zu. Alle warten auch auf den ersten Schnee und darauf, dass die Seen und Teiche ganz dick gefrieren. Denn dann beginnt die Zeit des Schlittenfahrens und Eislaufens. In warme Kleidung gepackt, mit einer Mütze auf dem Kopf, mit Handschuhen und dicken Winterstiefeln ausgerüstet, geht es hinaus an die frische Luft. Bei einer zünftigen Schneeballschlacht mit anderen Kindern oder beim Bau eines großen Schneemannes wird es einem auch nicht so schnell kalt.
Was passt nicht in dieses Bild?

Der Jahreslauf

Die Natur verändert sich im Laufe eines Jahres. Weißt du, wie ein Apfelbaum während der verschiedenen Jahreszeiten aussieht? Ordne die Bäume der richtigen Jahreszeit zu!

Frühling

Sommer

Herbst

Winter

So vergeht das Jahr

■ Kennst du die Namen der Monate?

Januar	Februar	März
April	Mai	Juni
Juli	August	September
Oktober	November	Dezember

Kobolde

Kobolde sind witzige und freche Zwerge, die in den Wäldern beheimatet sind. Sie machen sich unsichtbar, sobald ein Mensch nur in ihre Nähe kommt. Ergibt sich dabei eine Gelegenheit, diesen Wanderer zu ärgern, lassen sie diese nicht ungenutzt. Kobolde können aber auch recht hilfsbereit sein. In der Nacht, wenn alle Menschen tief und fest schlafen, schleichen sie sich unbemerkt in Häuser und verrichten dort Hausarbeiten. Sie spülen das Geschirr, bügeln die Wäsche, reparieren den tropfenden Wasserhahn oder machen sich sonst irgendwie nützlich. Die Freude der Hausbewohner ist am nächsten Morgen groß, wenn sie bemerken, dass sie von helfenden Kobolden besucht wurden.

Material:
eine 1–2 cm dicke Holzplatte
Tapetenkleister
Pinsel
ausgediente Schüssel
Bleistift
Zeitungspapier
Papierklebeband
Glanzpapier aus Illustrierten
Aststück
Holzleim, Sprühlack

Max, der wilde Kobold

Der wilde Kobold Max klettert gern auf Bäume. Es gibt für ihn nichts Schöneres, als in den Ästen herumzuturnen, auch wenn er schon das ein oder andere Mal heruntergefallen ist und sich dabei so manchen blauen Flecken holte. Er treibt seinen Schabernack mit Erwachsenen, indem er Tannenzapfen auf sie wirft oder sie mit Zweigen hinter dem Ohr kitzelt. Doch wenn die Mutter kommt und schimpft, wird schnell wieder ein gehorsamer Kobold aus ihm und er unterlässt, wenn auch nur für kurze Zeit, diese Koboldstreiche.

Die Gestaltung des wilden Kobolds Max als Relief ist nicht schwer, nur etwas Ausdauer und Zeit musst du aufwenden, um ein solches Bild herzustellen.

1. Den Tapetenkleister nach Packungsangabe anrühren und beiseite stellen, damit er aufquellen kann. Mit Bleistift malst du die Umrisse der gewünschten Figur auf die Holzplatte und lässt dabei seitlich etwas Platz für den Ast. Mit Tapetenkleister und Pinsel streichst du nun die Umrisse der Figur dick mit Kleister ein.

2. Beginne nun mit der Herstellung des Kopfes und des Körpers. Dazu knüllst du Zeitungspapier und drückst es auf das mit Kleister bestrichene Holzbrett. Da es einige Zeit dauert, bis die Grundform angetrocknet ist, muss das Holzbrett flach liegen. Zusätzlich kannst du mit Papierklebeband die Figur in Form halten.

3. Reiße Zeitungspapier in Streifen und weiche es in Kleister ein. Wickle und klebe sie um die Grundfigur, wobei zwei bis drei Schichten genügen.

4. Aus fest gedrehter Zeitung, die mit Papierklebeband in Form gehalten wird, entstehen Arme, Beine und Hörner. Diese Teile drückst du wiederum fest an die Holzplatte, umwickelst sie mit kleistergetränkten Papierstreifen und klebst sie an die Grundform.

5. Das Ausarbeiten der Figur, der Hände, der Füße und des Gesichts braucht etwas Zeit. Die einzelnen Teile knüllst du aus Zeitungspapier, hältst sie mit Papierklebeband in Form und kleisterst sie zusammen mit Zeitungspapierstreifen an die Grundform.

6. Nun beschichtest du die ganze Form noch einmal mit feuchten Zeitungspapierfetzen. Je kleiner diese Stücke sind, umso glatter wird die Oberfläche.

7. Das Aststück klebst du mit Holzleim neben der Figur auf das Holzbrett, legst die noch feuchte und somit noch biegsame Hand der Figur um ein Aststück und befestigst sie mit Papierklebeband daran. Das ganze Relief muss nun mindestens zwei Tage liegend austrocknen.

8. Während das Bild trocknet, suchst du aus Illustrierten farblich passende Seiten aus, zum Beispiel Reklameseiten. Dieses Glanzpapier reißt du nun in kleine Fetzen und sammelst es sortiert nach den verschiedenen Farben.

9. Wenn dein Bild getrocknet ist, beginnst du mit der farblichen Oberflächengestaltung. Dazu streichst du Hände, Körper, Mund, Beine oder Arme mit Tapetenkleister ein und klebst die Glanzpapierfetzen in der gewünschten Farbe darauf. Bevor du weiterarbeitest, sollte das Bild mindestens einen Tag austrocknen.

10. Damit deine mühevolle Arbeit haltbarer wird, sprühst du das Bild mit Sprühlack ein. Der Hintergrund kann beliebig gestaltet werden. Entweder klebst du Sand auf oder du bemalst ihn mit Farbe.

Tipp:
Wer sein Kunstwerk aufhängen möchte, muss sich Haken besorgen und diese sorgfältig hinten am Holzbrett anbringen. Am besten lässt du dir auch dabei von einem Erwachsenen helfen.

Kobold-Musikkapelle

Material:
**Astholzscheiben, Holzkugeln und Holzstäbe in verschiedenen Größen
Wollreste
Holzleim
Handsäge
Handbohrer
Sisal mit Drahteinlage
Zange
Pinsel, Plakafarben**

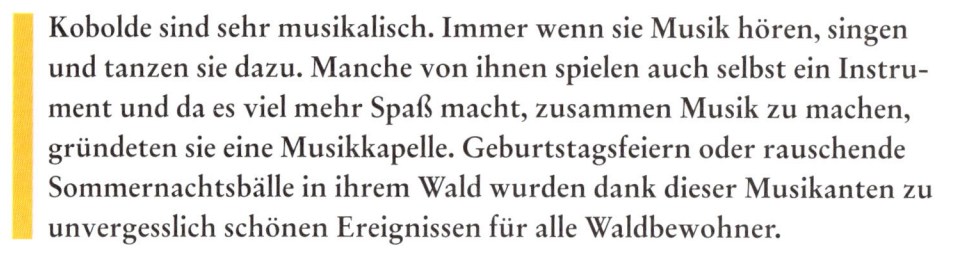

Kobolde sind sehr musikalisch. Immer wenn sie Musik hören, singen und tanzen sie dazu. Manche von ihnen spielen auch selbst ein Instrument und da es viel mehr Spaß macht, zusammen Musik zu machen, gründeten sie eine Musikkapelle. Geburtstagsfeiern oder rauschende Sommernachtsbälle in ihrem Wald wurden dank dieser Musikanten zu unvergesslich schönen Ereignissen für alle Waldbewohner.

1. Säge aus einem Ast unterschiedlich starke Scheiben und stelle sie zu Figuren zusammen. Lasse dir dabei von einem Erwachsenen helfen.

2. Bohre mit dem Handbohrer in eine dickere Astholzscheibe jeweils links und rechts ein Loch, um später die Arme dort anzubringen.

3. Mit der Zange schneidest du nun den Sisaldraht für die Arme zurecht. Klebe auf einer Seite des Drahtes eine Holzkugel als Hand auf. Die andere Seite befestigst du im Loch der Astholzscheibe.

4. Vom Kopfteil entfernst du mit der Handsäge vorsichtig ein Stück der Rinde, dem späteren Gesicht des Musikers.

5. Augen, Nase, Mund oder Knöpfe an der Kleidung gestaltest du entweder mit kleinen Holzkugeln oder du malst sie mit Plakafarbe auf.

6. Zum Abschluss stellst du noch für jeden Musiker ein Instrument aus Holzscheiben, Holzkugeln und Holzstäben her und klebst es an die Figur. Die Arme aus Sisaldraht biegst du noch zurecht und schon kann die Musikkapelle der Kobolde ihr erstes Lied spielen!

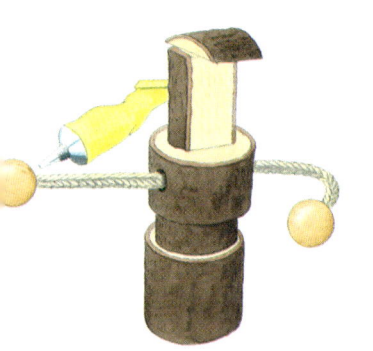

K-Rätsel

Während langer, ruhiger Winterabende sitzen Kobolde gern am wärmenden Feuer und vertreiben sich die Zeit mit Rätseln. Sie suchen das richtige Wort aus vielen verschiedenen Bereichen:

Ich suche ein „K", das in Flüssen lebt, sehr gefährlich ist und ein fürchterlich großes Maul hat. *(Krokodil)*

Ich suche ein „K", das mit Edelsteinen verziert ist und von Königen getragen wird. *(Krone)*

Ich suche ein „K", das gleichmäßig rund ist. *(Kreis)*

Ich suche ein „K", das gerne auf der Puppenbühne steht und dem Räuber Hotzenplotz einen Streich spielt. *(Kasperle)*

Ich suche ein „K", das Milch gibt. *(Kuh)*

Ich suche ein „K", das auf Palmen wächst. *(Kokosnuss)*

Ich suche ein „K", das Lebensmittel kühl aufbewahrt. *(Kühlschrank)*

Ich suche ein „K", das oft zum Einkaufen mitgenommen wird. *(Korb)*

Ich suche ein „K", das viel Unfug treibt und in der Märchenwelt lebt. *(Kobolde)*

Elterntipp:
Die Rätsel sollten aus der Erfahrungswelt der Kinder stammen und vom Schwierigkeitsgrad dem jeweiligen Alter angepasst werden. Natürlich können auch alle anderen Buchstaben des Alphabetes benutzt werden.

Länder und Landschaften

Viele Länder unterscheiden sich zum Beispiel dadurch, dass ihre Bewohner jeweils eine andere Sprache sprechen oder auch eine unterschiedliche Hautfarbe haben. Es gibt Länder, in denen es das ganze Jahr über sehr heiß und trocken ist und andere, in denen man sich immer vor Schnee und Kälte schützen muss. Länder haben oft auch unterschiedliche Landschaften. In einigen Ländern gibt es hohe Berge und tiefe Täler, andere Länder sind wiederum sehr flach. Landschaften mit vielen Flüssen, Seen und Wäldern überwiegen in dem einen Land, weite, pflanzenarme Gebiete oder gar Wüsten in einem anderen. Jedem Land und jeder Landschaft ist jedoch gemein, dass sie ebenso wie der Mensch einmalig sind.

Elterntipp:
Diese Aufgaben trainieren die Wahrnehmung, fördern die Sprachfähigkeit und erweitern den Wortschatz des Kindes. Alle Dinge sollten benannt werden und zu einem Gespräch über Abfall und Umweltschutz führen.

Schau genau!
Viele Spaziergänger sind sehr unvernünftig und lassen Dinge zurück, die schöne Landschaften verschandeln und unsere Umwelt belasten. Was gehört hier nicht hin?

Länderball

Da dieses Spiel Konzentration und eine gewisse Allgemeinbildung voraussetzt, ist es für ältere Kinder geeignet. Es werden Länder nach zuvor genannten Anfangsbuchstaben gesucht.

Die Kinder stehen im Kreis, ein Kind wirft einem anderen den Ball zu und nennt einen Buchstaben. Dieses Kind muss den Ball auffangen und ein Land mit dem vorher genannten Buchstaben sagen, zum Beispiel für das „B" Bolivien. Jetzt darf dieses Kind, wenn es die Aufgabe erfüllt hat, selbst einen Buchstaben nennen und den Ball einem anderen Kind zuwerfen. Wird die Aufgabe nicht innerhalb von 5 Sekunden erfüllt, bekommt das Kind einen Punkt. Wer am Ende des Spiels die wenigsten Punkte bekommen hat, ist Sieger des Länderballspiels.

Varianten
Für kleinere Kinder können Wörter aus allen Bereichen genannt werden, um das Spiel dem Alter anzupassen.
Neben Ländern können auch Berufe, Kleidungsstücke, Tiere oder Namen genannt werden.

Material:
Ball
Teilnehmer:
ab 4 Kinder

Eine Reise nach China

Ferne Länder zu bereisen ist schön und aufregend zugleich. Du kannst dich aber auch in unserer Fantasie dorthin begeben, um weit entfernte Länder zu erkunden. Verpackt in ein Spiel wird eine solche Reise ebenfalls zu einem lustigen Erlebnis.

Variante
Der Schwierigkeitsgrad dieses Spiels kann dadurch gesteigert werden, dass der Spielleiter z. B. die Kleidung des dritt- oder viertnächsten Nachbarn beschreibt und dann jeder Mitspieler entsprechend auch die Kleidung seines dritt- und viertnächsten Nachbarn beschreiben muss.

Die Teilnehmer an diesem Spiel sitzen im Kreis. Der Spielleiter beginnt zu erzählen, dass er eine Reise nach China unternehmen wird. Die Einreisevorschriften sind jedoch sehr streng und vor allem achten die Kontrolleure an der Grenze darauf, ob die Einreisenden vorschriftsmäßig gekleidet sind. Wer dies nicht ist, darf das Land nicht betreten. Der Spielleiter möchte allerdings den Teilnehmerkreis mit auf die lange Reise nehmen. Zuvor muss er aber wissen, ob sich jeder den Vorschriften entsprechend kleiden kann. Er erzählt deshalb, was er für diese Reise anziehen wird, indem er Kleidungsstücke seines rechten Nachbarn beschreibt, ohne allerdings auffällig dorthin zu sehen. Jeder erzählt nun der Reihe nach, was er für diese Reise anziehen will. Der Spielleiter entscheidet nun, ob die gewählte Kleidung den Vorschriften entspricht, das heißt, ob die Kleidung des jeweiligen rechten Nachbarn beschrieben wurde. Ist dies nicht der Fall, so wird die Einreise verweigert.

Das Schlaraffenbaumspiel

Ein Land, indem Milch und Honig in den Flüssen fließt und allerlei leckere Sachen auf den Bäumen wachsen – so oder so ähnlich stellen wir uns das Schlaraffenland vor. Die Menschen in diesem Land leben zufrieden und glücklich. Hektik, Stress oder Streitereien sind ihnen völlig fremd. Alle haben viel Zeit zum Zeichnen, Malen, Basteln und Spielen. Wäre so ein Land nicht wünschenswert?

Material:
**Sperrholzplatte
(1–2 cm stark,
ca. 40 x 40 cm)
Pinsel und Bleistift
Plakafarben
wasserlöslicher
Klarlack
Glas Wasser
Holzplättchen (für die
Buchstaben)
Klettverschluss
Klebstoff**
Teilnehmer:
1 oder mehrere Kinder

Schlaraffenbaum herstellen

1. Zeichne auf die Sperrholzplatte die Umrisse eines Laubbaumes und male den Baum anschließend mit Plakafarben an.

2. Streiche einen Schutzanstrich aus Klarlack darüber und lasse ihn trocknen. Klebe nun die Klettverschlüsse für die Buchstabenplättchen auf dem Baum fest.

3. Die einzelnen Buchstaben schreibst du auf dünne Holzplättchen (aus dünner Sperrholzplatte ausgesägt oder in Bastelgeschäften gekauft), die du zuvor auf der Vorderseite mit einem Farbanstrich versehen hast. Auf der Rückseite bringst du das Gegenstück für die Klettverschlüsse an.

4. Stelle nun einen zweiten Satz Buchstabenplättchen her, wobei die Holzplättchen den gleichen Farbanstrich haben (oder naturbelassen sind). Diese Buchstaben erhalten keinen Klettverschluss.

Spielregeln

Alle Buchstabenmotive hängen am Schlaraffenbaum. Die dazugehörenden Buchstabenpaare liegen verdeckt auf dem Tisch. Ein Kind deckt nun einen Buchstaben auf, benennt diesen (z. B. „B") und wünscht sich etwas zum Essen, Spielen oder Anziehen etc. mit diesem Anfangsbuchstaben (z. B.: „Schlaraffenbaum, ich wünsche mir eine Banane, Bauklötze, Badehose ..."). Danach sucht sich das Kind den dazugehörenden Buchstaben vom Baum und hängt ihn ab.

Variante

Wenn Sie Groß- und Kleinbuchstaben auf die Plättchen geschrieben haben, können Sie den Schwierigkeitsgrad des Spiels erhöhen, indem das Kind nun seinen Wunsch noch genauer beschreiben muss (z. B. „bunte Bauklötze" oder „blaue Badehose"). Es dürfen dabei ruhig auch unsinnige und lustige Wortkombinationen gewählt werden (z. B. „barfüßige Banane"). Besonders schwierige Buchstaben, wie z. B. das „X" können mit einem Joker versehen werden. Deckt das Kind diesen Buchstaben auf, darf es sich aus einem bestimmten Bereich (z. B. Essen) vom Schlaraffenbaum seine Lieblingsspeise wünschen.

Elterntipps:

Das Schlaraffenbaumspiel unterstützt die Wahrnehmungs- und Beobachtungsgabe des Kindes und fördert als Lautspiel gleichzeitig dessen Sprachentwicklung.

Für das Spiel ist es nicht notwendig, alle Buchstaben auf einmal herzustellen. Es kann vielmehr, je nach Wissensstand des Kindes, nach und nach erweitert werden.

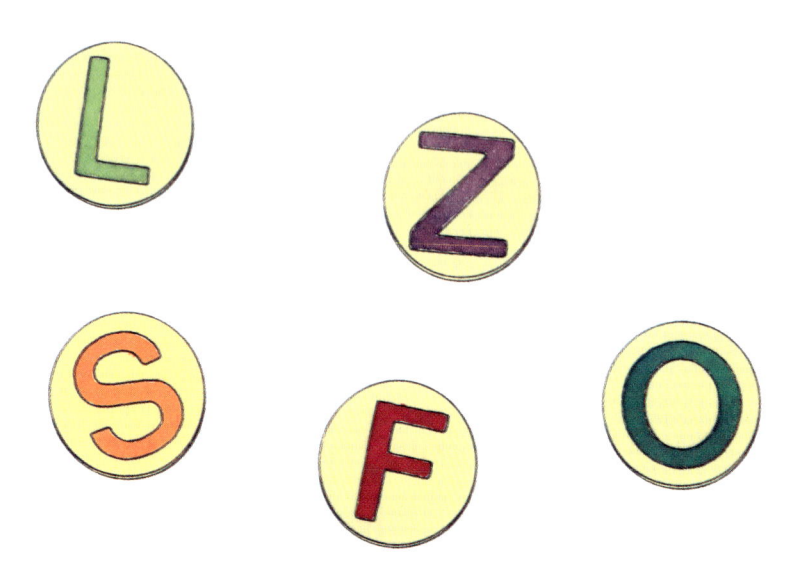

Buchstaben weben

Die Kinder üben beim Weben Fingerfertigkeit und lernen eine neue Möglichkeit sinnvoller Freizeitbeschäftigung kennen. Die Buchstaben werden aus zerschnittenen Stoffresten hergestellt, die auf einen Webrahmen gewebt und anschließend verknotet werden. Aus Kett- und Schussfäden kann ein stabiler Stoff hergestellt werden.

Material:
Schulwebrahmen oder Schuhschachtel
Schere
feste Baumwollschnur
Stoffreste
Webnadel
grober Kamm
Nadel und Faden
Karton und Klebstoff

1. Hast du keinen Schulwebrahmen zur Verfügung, kannst du auch eine stabile Schachtel verwenden. Schneide dazu mit der Schere in die sich jeweils gegenüberliegenden Kanten kleine Vertiefungen. Diese Einschnitte sollten einen Abstand von 1 cm haben und gleichmäßig tief geschnitten werden.

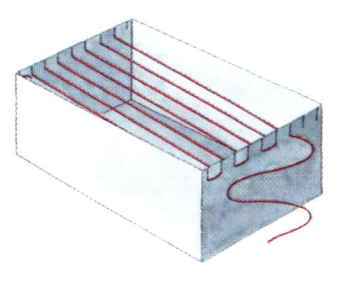

2. Bespanne den Rahmen mit der Baumwollschnur. Dazu wird die Schnur am ersten Einschnitt fest verknotet und gleichmäßig von oben nach unten durch die Vertiefungen gezogen. Diese Schnüre (sie werden beim Weben Kettfäden genannt) sollten straff gespannt werden.

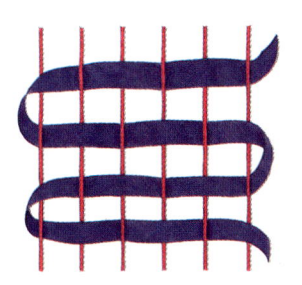

3. Schneide den Stoff in viele Streifen, die ungefähr 1 cm breit sind. Diese Streifen dienen als Schussfäden und werden durch die Kettfäden immer versetzt, einmal oben, einmal unten durchgezogen. Nimm dabei die Kettfäden versetzt auf und ziehe die Schnüre entgegengesetzt durch.

4. Um die Buchstabenformen zu weben, musst du manchmal an anderen Stellen neu anfangen. Dazu verknotest du die einzelnen Streifen miteinander oder lässt die Enden an einer Seite hängen und vernähst sie später.

5. Mit einem groben Kamm oder mit den Fingern schiebst du die Stoffbahnen zusammen. Der fertig gewebte Buchstabe wird aus dem Rahmen geschnitten. Es empfiehlt sich, die Kettfäden nach und nach abzuschneiden und die Enden sofort zu verknoten, damit die Stoffstreifen sich nicht lockern. Nachdem der Buchstabe verknotet ist, schneidest du die überhängenden Kettfäden ab.

Varianten

Mit mehreren Buchstaben kannst du ein schönes Namensschild gestalten. Dazu klebst du sie auf einen festen Karton – fertig ist ein Geschenk.
Du kannst auch deine eigenen Anfangsbuchstaben auf ein Kissen oder auf eine Tasche nähen.

Elterntipp:
Natürlich können alle Buchstaben mit Wollresten gestaltet werden. Zudem bieten sich auch viele weitere Themen an, zum Beispiel Landschaften, Bäume oder Tiere.

Buchstabenlandschaft

Schon die Kleinsten haben viel Freude an der Herstellung von Bildern dieser Art. Durch diese Collage, kombiniert mit Filzstiftzeichnungen, experimentieren Kinder mit Anordnungen, mit der Raumaufteilung und können ein abwechslungsreiches, spannendes Gliedern des Bildformates in Gruppen und verschiedenen Größen üben. Sie festigen ihren Wortschatz mit Begriffen wie groß, größer, klein, kleiner, daneben, davor, oben, unten, zu groß, zu breit usw. Die Fingerfertigkeit im Umgang mit der Schere und beim Aufkleben der Einzelstücke wird trainiert. Zudem vertieft sich ihr Wissen über den ausgewählten Buchstaben, denn durch die vielfältige Darstellung festigen sich entsprechende Bewegungsabläufe.

1. Suche dir deinen Lieblingsbuchstaben aus und zeichne diesen auf Buntpapier in verschiedenen Größen auf. Zeichnest du den Buchstaben dabei auf die Rückseite, muss er seitenverkehrt liegen.

2. Schneide die Buchstaben aus, ordne sie auf dem Zeichenblatt an und klebe sie fest. Du kannst die Buchstaben aber auch ausreißen.

3. Zeichne mit Filzstiften die gleichen Buchstaben in verschiedenen Größen und Mengen dazu. Ordne sie gruppenweise zu unterschiedlichsten Mustern und lasse deinen Buchstaben im Bild spazieren gehen.

Material:
festes Zeichenpapier
Buntpapierreste
Bleistift, Schere,
Klebstoff
Filzstifte

Elterntipp:
Damit für die Kleineren der Arbeitsaufwand nicht zu groß ist, bieten Sie ihnen am besten einige zuvor ausgeschnittene Buchstaben an.

Variante
Mit geschriebenen Wörtern können ältere Kinder eine schöne Landschaft gestalten. Die Umrisse sollten zuvor mit Bleistift aufgezeichnet werden.

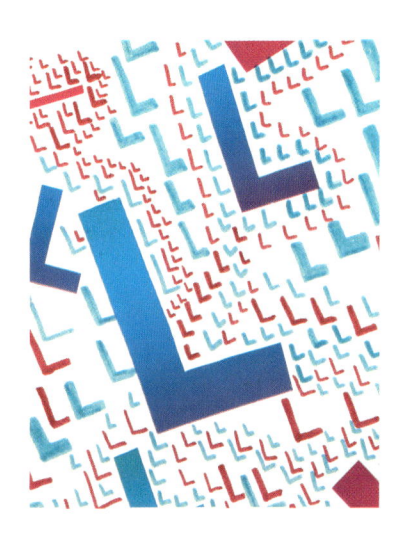

Meister der Magie

Wirklich zaubern kann leider oder vielleicht auch zum Glück kein Mensch. Das bleibt den Feen, Hexen und Zauberern in der Märchenwelt vorbehalten. Aber Zauberkunststücke vorführen, die das Publikum begeistern und auch verblüffen, das können geschickte Zauberkünstler oder Meister der Magie, wie sie auch genannt werden. Einfache Zaubereien kann jeder erlernen und einem Publikum vorführen. Wichtig dabei ist, dass man einen Zaubertrick so lange übt, bis jeder Handgriff und jede Bewegung sitzt.

Material:
350 g Holzstaubmasse
Rundstab (ca. 50 cm lang, Ø 15 mm)
Haushaltspaprolle (20 cm lang)
Zeitungspapier
Papierklebeband
Wasser
Schere
mit Sand gefüllte Flasche
Schleifpapier und Feile
Handbohrer
Plakafarben, dünner Pinsel
Schwamm
Sprühlack
schwarzes Puppenhaar
Alleskleber
Stoffreste, ausgedienter Modeschmuck, Haarklammern

Die Wahrsagerin Esmeralda

Ein Besuch bei der Wahrsagerin Esmeralda Kratkitura ist für jeden ein aufregendes Erlebnis, denn diese geheimnisvolle Frau ist in der Lage, durch ihre Glaskugel in die Zukunft zu sehen.

Holzstaubmasse ist eine lufttrocknende Modelliermasse und kann gebrauchsfertig gekauft werden. Nach dem Trocknen besitzt diese Modelliermasse holzähnliche Eigenschaften und kann wie Holz durch Feilen, Schleifen, Schnitzen, Bohren oder Sägen bearbeitet werden.

1. In die Mitte der Papprolle schneidest du oben und unten ein Loch. Durch dieses Loch steckst du den als Haltestab vorgesehenen Rundstab. Damit das Grundgerüst hält, umwickelst du beide Teile fest mit Papierklebeband. Die Papprolle dient uns als Schulterstück, um das du später den Stoff wickelst. Damit du zum Arbeiten beide Hände frei hast, steckst du dieses Grundgerüst in eine mit Sand gefüllte Flasche.

2. Der Kern des Puppenkopfes besteht aus Zeitungspapier. Knülle das Papier fest zusammen und wickle es um die Spitze des Rundstabes, bis die Grobform des Kopfes zu erkennen ist. Mit Papierklebeband hältst du die Form zusammen.

3. Befeuchte deine Hände und knete die Holzstaubmasse fest durch. Forme nun die Modelliermasse.

4. Ziehe nun aus der Grobform die einzelnen Teile wie Augen, Augenbrauen, Nase, Mund und Ohren. Gesichtsteile, die stark hervorspringen, formst du extra und setzt sie auf. Die Ansatzstellen musst du gut befeuchten und kräftig verstreichen.

5. Der Gesichtsausdruck bestimmt den Charakter der Puppe. Ein schmales Gesicht mit spitzem Kinn, eng zusammenstehenden Augen und nach unten gebogenen Mundwinkeln wirkt böse. Ein großflächiges Gesicht mit großen Augen, rundgebogenen Augenbrauen und lachendem Mund dagegen wirkt gutmütig.

6. Stelle nun die Stockpuppe zum Trocknen 2–5 Tage an einen kühlen Platz, damit sie langsam und gleichmäßig austrocknen kann.

7. Nach dem Trocknen glättest du den Kopf mit Schleifpapier. Vertiefungen, wie z. B. Nasenlöcher, arbeitest du mit einer Feile heraus und wenn nötig, können Feinheiten oder Risse noch mit Holzstaubmasse nachmodelliert werden. Für die Ohrringe bohrst du mit dem Handbohrer kleine Löcher.

8. Jetzt bemalst du den getrockneten Kopf mit stark verdünnter Plakafarbe. Mit dem dünnen Pinsel malst du das Gesicht auf. Das Wangenrot wird mit dem Schwamm vorsichtig aufgetupft.

9. Besprühe den Puppenkopf nun mit Lack, damit die Farbe wischfest wird. Die Plakafarbe sollte zuvor getrocknet sein.

10. Klebe nun die Haare mit Alleskleber an der Stirn und am Hinterkopf fest. Mit Haarklammern und Ohrringen schmückst du den Puppenkopf.

11. Aus Stoffresten schneidest du ein passendes Stück zu, umwickelst damit das Schulterstück und verknotest es am Hals. Wer geschickt ist, kann mit einem einfachen Schnitt ein Kleid mit Armen und Händen nähen. Du kannst aber auch ein passendes Puppenkleid verwenden, das du dann am Hals der Wahrsagerin festnähst.

Der Magier Mamuschel

> Der Magier Mamuschel ist normalerweise ein lustiger Zauberer und weiß natürlich, dass alle Kinder Reime lieben. Heute hat er aber schlechte Laune, weil er in der Schule für kleine Magier nicht die besten Noten bekommen hat. Nun ärgert er die Kinder und zaubert viele Reimwörter einfach weg.

Weißt du, welche Wörter verschwunden sind?

Am liebsten frisst der Hase Klee,
im Winter lieben wir den ....

Anna spielt gern mit ihrer Puppe,
Max schlürft ganz laut seine ....

Ina trägt oft blaue Hosen,
Franziska schneidet im Garten ....

Im Sommer scheint sehr oft die Sonne,
den Abfall wirfst du in die ....

Die Vögel sitzen auf dem Dach,
durch die Wiese fließt ein ....

Die Tasche trag ich in der Hand,
im Haar hab ich sehr oft ein ....

Im Herbst tanzen die Blätter im Wind,
den Drachen steigen lässt das ....

In der Schule lernen Kinder lesen,
die Hexe reitet auf einem ....

Besonders Milch liebt unsere Katze,
sie schleckt sich danach ab ihre ....

Die Treppe führt hinauf zum Turm,
in der Erde kriecht herum der ....

Die Suppe kocht im großen Topf,
an der Jacke fehlt ein schwarzer ....

Die Kirschen schmecken der Ute gut,
der Wind bläst mir vom Kopf den ....

BESEN KIND HUT SCHNEE WURM KNOPF BAND ROSEN SUPPE TONNE BACH TATZE

90

Mamuschels Zauberhut

Mamuschel hat wieder einmal nicht aufgepasst! Er sollte in der Schule für kleine Magier viele „M" und „m" zaubern, doch er hat sich im Unterricht lieber mit den anderen Zauberschülern unterhalten. Er redete, tuschelte und kicherte die ganze Zeit und als er nun an der Reihe war, diese Buchstaben herzuzaubern, hat Mamuschel viele Buchstaben durcheinander gebracht.
Findest du alle „M" und „m"?

Material:
Buchstaben aus Karton oder Holz
Bleistifte oder Wachsmalblöcke
Zeichenpapier (nicht zu dick)
Teilnehmer:
mindestens 2 Kinder

Elterntipps:

Damit die Buchstaben nicht spiegelverkehrt durchgerieben werden, können dem Kind mit Markierungspunkten Orientierungshilfen gegeben werden. Eine lustige Variante zu dem Spiel ist es, Zahlen und Formen wie Kreise, Rechtecke, Ovale oder verschiedene Gegenstände erraten zu lassen.
Mit dieser Technik lassen sich übrigens auch schöne Einladungs-, Geburtstags- oder Tischkarten herstellen.

Zauberspiel mit Buchstaben

Die Frottage ist auch unter den Begriffen Durchreibetechnik oder Rubbelbilder bekannt. Oft stellen Kinder dabei Spielgeld her, indem sie eine Münze unter ein Blatt Papier legen und mit einem Stift darüber streichen. Wie durch Zauberei entsteht ein Bild. Mit dieser Technik lassen sich reizvolle Bilder gestalten, denn alle Oberflächen mit Strukturen bieten sich zum Abreiben an: Strukturtapeten, Wellpappe, Hölzer und andere interessante Oberflächen.

Für das Buchstabenspiel werden alle Buchstaben aus festerem Karton benötigt, die aus verschiedenen Resten ausgeschnitten werden können. Wem diese Vorarbeit zu zeitaufwendig und arbeitsintensiv ist, kann in Schreibwarengeschäften vorgestanzte Buchstaben kaufen. Es eignen sich ebenso dünne Holzbuchstaben dafür. Kleinere Kinder sollten dicke Wachsmalblöcke zum Durchreiben benutzen, da die Technik mit Stiften für sie zu ermüdend ist.

Spielregeln

Ein Kind versteckt den Buchstaben unter dem Papier und reibt ganz langsam mit dem Bleistift oder Wachsmalblock die Umrisse durch. Wer errät zuerst den Buchstaben? Geübte Kinder können ganze Wörter unter dem Papier verstecken. Wer das Wort zuerst erkennt, hat gewonnen. Je nach Alter und Wissensstand des Kindes werden ganze Wörter oder die ihm bekannten Buchstaben benutzt.

1. Lege die Buchstabenschablone, ohne sie den Mitspielern zu zeigen, unter das Zeichenblatt und reibe mit dem Bleistift oder Wachsmalblock über das Papier. Die Form entsteht nun langsam auf dem Zeichenblatt, die Konturen werden nach und nach sichtbar.

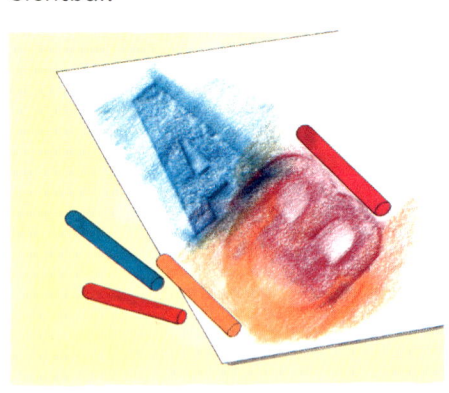

2. Durch Verschieben der Schablone kannst du ganze Wörter zaubern. Eine schöne Wirkung erzielst du, wenn du mit verschiedenen Farben darüber streichst.

HIPPY BIRTHDAY

HENNE

Der kleine Zi-Za-Zauberer

Kaninchen aus einem Zylinder zu zaubern oder gar Elefanten von der Bühne verschwinden zu lassen, das gelingt auch den guten Zauberkünstlern. Aber ob sie so lustige Zauberkunststücke wie der kleine Zi-Za-Zauberer in diesem Lied zustande bringen, muss bezweifelt werden.

Text:
Werner Tenta
Melodie:
Andreas Altstetter/
Werner Tenta

Ein klei-ner Zi-Za-Zau-be-rer, der zau-bert uns im Nu viele schö-ne Tie-re her vom Af-fen bis zur Kuh. Er sagt: „1, 2, 3, Sim-sa-la-bauz", und ein Schwein-chen mit ei-nem Ringel-schwanz grunzt uns fröh-lich an: „Ich war ein-mal ein Schwan."

Ref.: Ein kleiner Zi-Za-Zauberer
der zaubert uns im Nu
viele schöne Tiere her
vom Affen bis zur Kuh.

1. Er sagt: „1, 2, 3 Simsalabanz"
und ein Schweinchen mit einem Ringelschwanz
grunzt uns fröhlich an:
„Ich war einmal ein Schwan."

2. Er sagt: „Abrakadabra fidibum"
und plötzlich hüpft ein Frosch herum.
Er quakt uns fröhlich zu:
„Zuvor war ich eine Kuh."

3. Er sagt: „Pflaumenmus und Mäuseschlund"
die Katze bellt nun wie ein Hund
und sie buddelt vor unserem Haus
einen alten Knochen aus.

4. Er sagt: „Wide, wade, Spiegelei"
das Känguru schlürft Haferbrei
und es wiehert so dann und wann,
wie ein Pferd es nicht besser kann.

5. Er sagt: „Hokuspokus, Märchenschloss
und weg ist das Rhinozeros
und es erscheint uns nun als Fliege,
aber meckernd wie eine Ziege.

Ref.: Der kleine Zi-Za-Zauberer
der zaubert uns am Stück
alle schönen Tiere nun
in ihre Ursprungsform zurück.

Magische Wandtafel

Apfelmus und Hexenbrei heute seht ihr Zauberei

Was ist schon ein Fest für Zauberer ohne dazu passende Zaubersprüche? Das denkt sich auch der Zauberlehrling Mamuschel und hängt, auf Tafeln geschrieben, einige seiner liebsten Zaubersprüche zur Dekoration an die Wand. So kann er seinen Gästen allerlei Informationen und gute Wünsche zukommen lassen.

1. Schneide aus Karton die Wandtafeln in bestimmten Formen aus (Kreis, Quadrat, Dreieck, ...)

2. Den Karton beklebst du mit Tonpapier und malst mit einem andersfarbigen Stift einen 2 bis 3 cm starken Rand um die Wandtafeln.

3. Zeichne nun verschiedene Motive (Sterne, Zauberhüte, Zylinder, Zauberdrachen, ...) mit Bleistift auf Tonpapier und schneide sie anschließend aus.

4. Mit dickem Filzstift schreibst du einen Zauberspruch auf die Wandtafel und klebst die zuvor ausgeschnittenen Motive um diesen Spruch herum.

Und hier noch einige Anregungen für Zaubersprüche:

Nasenring und Zauberkette, dies ist der Zauberweg zur Toilette.

Gelbe Spatzen und rosa Finken, hier kannst du bunte Säfte trinken.

Magiermeister und Geisterbahn, die Vorstellung fängt um vier Uhr an.

Krötenaugen und Katzentatzen, du darfst beim Essen auch mal schmatzen.

Material:
fester Karton (z. B. Verpackungs- oder Zeichenkarton)
buntes Tonpapier
bunte Malstifte (Filzstifte oder Wachsmalkreiden)
Bleistift, Schere, Klebestift

Elterntipp:
Wandtafeln kann man vielseitig einsetzen. Neben dem dekorativen Effekt können diese Tafeln auch allerlei Aufgaben erfüllen (Vorschau auf Programmpunkte des Kinderfestes, Wegweiser, gute Wünsche etc.)

Hokuspokus Weidenstecken das Essen möge dir gut schmecken

Mäuseschwanz und Krötenbein wir wollen heute fröhlich sein

Simsalabimbam Zauberdrachen lasst uns feiern und viel lachen

Nacht

Wenn es draußen dunkel geworden ist und die Sterne und der Mond am Himmel stehen, ist es Nacht. Die meisten Menschen und Tiere schlafen dann und ruhen sich für den nächsten Tag aus. Es gibt aber auch Tiere, die in der Nacht sehr aktiv sind, wie Eulen, Katzen, Füchse, Igel oder Marder. Sie nutzen die Stille, um ungestört nach Futter zu suchen. Auch viele Menschen arbeiten nachts. Zum Beispiel in Krankenhäusern, wo die Patienten rund um die Uhr versorgt werden müssen oder in Bäckereien, wo die Bäcker in ihren Backstuben arbeiten, damit die Leute am nächsten Morgen leckere Kuchen oder frisch duftende Brote kaufen können.

Kontraste

Tagsüber sind Mond oder die Sterne vom hellen Himmel fast nicht zu unterscheiden. Erst die dunkle Nacht erhöht diese Leuchtkraft. Die Leuchtkraft vieler Farben wird durch das Anlegen eines dunklen Hintergrundes erhöht. Schon Kinder sind bei entsprechender Anleitung in der Lage, Farbgesetze zu erkennen und in ihren Arbeiten umzusetzen.

Für die Einteilung von Farben gibt es verschiedene Ordnungssysteme. Am bekanntesten ist der Farbkreis. Der hier gezeigte Farbkreis ist sechsteilig und zeigt die Grundfarben Rot – Gelb – Blau, auch Primärfarben oder Farben 1. Ordnung genannt. Durch Mischen der Primärfarben entstehen die Sekundärfarben oder Farben der 2. Ordnung. Wird Gelb mit Blau gemischt, entsteht Grün. Blau und Rot ergibt Violett, Orange entsteht durch Mischen von Gelb und Rot.

Aus den Grundfarben können alle Farben gemischt werden, auch die weiteren Mischfarben dritter und vierter Ordnung. Farben, die sich im Farbkreis gegenüberliegen, haben die größte Kontrastwirkung. Das bedeutet, ihre Leuchtkraft erhöht sich, wenn sie nebeneinander aufgetragen werden. Die Kontrastfarbe zu Blau ist Orange, zu Gelb ist Lila und zu Rot ist es Grün. Vor einem dunklen Hintergrund verstärkt sich diese Wirkung weiter.

Türschild

Welche Farben verwendet man am besten für ein Türschild, das auch nachts gesehen werden soll?

1. Fahre mit dem Finger die Anfangsbuchstaben deines Vor- und Nachnamens auf dem Zeichenblatt nach. So bekommst du ein Gefühl für die Form und Größe des Buchstabens. Wer möchte, kann seine Buchstaben auch mit Bleistift vorzeichnen.

2. Wähle aus den vorher besprochenen Kontrasten (siehe oben) deine Farben aus und mische sie.

3. Mit dem Pinsel zeichnest du die Umrisse deiner Anfangsbuchstaben, anschließend malst du sie mit kräftigen Farben aus. Jede Farbschicht sollte etwas trocknen, damit durch einen neuen Auftrag keine Farben vermischt werden.

4. Damit der Hell-Dunkel-Kontrast zur Wirkung kommt, bemalst du den Hintergrund mit schwarzer Farbe.

5. Betrachte das fertige Bild nun aus einiger Entfernung, um die Signalwirkung noch besser sehen zu können.

Material:
weißes Zeichenblatt
Deckfarben
Pinsel
Wasserglas
Malerlappen

Tipp:
Die Buchstaben können ebenso mit Wachsmalkreiden oder Ölkreiden aufgemalt werden.

Nacht im Orient

Material:
**Zeitungspapier
bunte und schwarze
Wachsmalkreiden
festes, weißes Papier
Kratzwerkzeuge
(z. B. Nagelfeile,
Zahnstocher,
Pinselstiel,
Stricknadel,
Kugelschreiber-
kappe)
Papiertuch oder
Lappen**

Elterntipp:
Da die dunklen Wachsreste oft am Kratzwerkzeug hängen bleiben, sollten sie mit einem Lappen oder Papiertuch immer wieder abgewischt werden.

Wachsmalstifte sind leicht zu handhaben und ein wunderbares Werkzeug zum Malen und Zeichnen. Als Vorübung zur Schreibfertigkeit eignen sich Wachsmalstifte besonders gut. Selbst ein kleines Kind übt, Bewegungen zu kontrollieren, wenn es mit den Wachsmalstiften auf Papier kritzelt und malt. Günstig für kleine Kinderhände sind dicke Stifte oder Wachsmalblöcke von guter Qualität, da sie auch fest genug sind und bei zu viel Druck nicht sofort abbrechen. Kinder sollten viel Gelegenheit bekommen, mit diesen Stiften herumzuprobieren und zu experimentieren. Neben vielen möglichen Mal- und Zeichentechniken mit Wachsmalkreiden ist bei Kindern die so genannte Kratztechnik sehr beliebt. Da diese Technik viel Vorarbeit erfordert, sollte anfangs ein kleines Bildformat gewählt werden.

Bei dieser Technik (auch Sgraffito genannt, aus dem Italienischen: ritzen, kratzen) werden zwei dicke Schichten Farbe übereinander gemalt. Wird in die obere, dunklere Schicht hineingekratzt, scheint die untere Farbe durch.

1. Um den Arbeitsplatz vor Wachsresten zu schützen, decke den Tisch zunächst mit Zeitungspapier ab.

2. Male nun mit hellen Wachsmalkreiden flächige, dicke Schichten auf das Papier. Die verschiedenen Farben müssen kräftig aufgetragen werden.

3. Übermale die Farben nun fest mit dunkler Wachsmalkreide, bis von der ersten Schicht nichts mehr zu sehen ist. Ein kräftiges Schwarz eignet sich am besten dazu.

4. Ritze jetzt mit einem spitzen Gegenstand das Motiv hinein. Die darunter liegenden bunten Farben treten nun mit großer Leuchtkraft hervor. Die tollsten Farbwirkungen können auf diese Weise entstehen.

Überleg mal!

Wenn es draußen dunkel wird, die Kinder in ihren Betten liegen und zur Ruhe kommen, hören alle gern eine Gutenachtgeschichte oder machen Rätsel zum Abschluss des Tages.

Warum regnet es nie zwei Tage hintereinander?
(Weil immer eine Nacht dazwischen liegt.)

Du schlüpfst von unten immer hinein, schaust oben wieder heraus. Einen Menschen nur hüllt es gern ein, das Bett ist sein Zuhaus?
(Nachthemd)

Wenn das Kind im Bette liegt,
der Vater es in den Schlaf wiegt,
schauen viele mit hellem Schein,
vom Himmel in das Zimmer rein.
Wir können sie nicht zählen,
den sie leuchten in der Ferne,
was mag das sein?
Es sind die …
(Sterne)

Nachts, wenn es dunkel wird,
sehn wir ihn am Himmel stehn,
rund und groß, hell und schön.
Mit den Sternen er dort wohnt,
sagt es nur, es ist der …
(Mond)

Beine hat es, doch läuft es nicht.
Federn hat es, doch fliegt es nicht.
Am gleichen Ort steht es mäuschenstill,
weil es nichts als Ruhe will?
(Bett)

Nachtfahrt am Sternenhimmel

Material:
Wachsmalstifte, Farbstifte oder Wasserfarben und Pinsel Packpapier, Tapetenreste oder Zeichenblock

Bei dem folgenden Malspiel werden feinmotorische Bewegungen und rhythmisches Schwingen als Schreibvorübung gefördert. Da Kinder im Vorschulalter viel Freude an Spielen aller Art haben, können auf diese Weise Bewegungsabläufe gezielt geübt werden. Für kleinere Kinder empfiehlt sich das Schwingen und Malen im Stehen. Anfangs sollte dabei großflächig mit Wachsmalkreiden zum Beispiel auf Packpapier gearbeitet werden. Wer eine Wand- oder Stehtafel besitzt, kann das Kind mit Tafelkreide darauf malen lassen. Koordinierte Bewegungen können so besser geübt werden. Später kann mit kleineren Formaten und Filzstiften oder Pinsel und Wasserfarben gemalt werden.

Mit einem Raumschiff (in diesem Fall der Wachsmalstift) fährst du durch den Sternenhimmel, um andere Planeten zu besuchen. Natürlich musst du auf den richtigen Weg achten, die Sterne helfen dir dabei.

Doch Vorsicht, Kometen und Meteoriten kreuzen unseren Weg, daran musst du vorbeifahren. Zusammenstöße mit Sternen sollten vermieden werden, damit du den fremden Planeten unversehrt erreichst.

1. Zuerst zeichnest du einen Sternenhimmel mit Start (Erde) und Ziel (fremder Planet) auf. Je enger die Sterne, Kometen und Meteoriten beieinander liegen, umso schwieriger wird die spätere Fahrt.

2. Mit Wachsmalkreiden suchst du dir nun einen Weg von der Erde zum Planeten. Schaffst du die Fahrt ohne abzusetzen und anzustoßen?

Variante
Viele verschiedene Spielideen können aufgezeichnet werden, zum Beispiel: Slalomfahrer, Autorennen, mit dem Roller durch die Straßen und vieles mehr. Wichtig bei allen Spielen ist, die Schreibrichtung von links nach rechts zu beachten, so sollte der Start links beginnen und das Ziel rechts liegen. Dazwischen können verschiedene Schwünge sein.

Noch ein Beispiel:
Viele Dinge liegen oder schwimmen im Bach. Male, wie das Wasser daran vorbeifließt.

Ostern

Im Christentum ist Ostern das höchste Kirchenfest, denn an Ostern wird die Auferstehung von Jesus Christus gefeiert. Aber auch nichtchristliche Völker feiern ein Osterfest, mit dem sie nach einem langen und kalten Winter, den Frühling begrüßen. Das Osterfest findet jedes Jahr am ersten Sonntag nach dem ersten Frühlingsvollmond statt. Für die Kinder ist Ostern auch jedes Mal wieder ein spannendes Erlebnis. Fesselnde Geschichten über den Osterhasen und vor allem die Suche nach den im Haus oder Garten versteckten Ostereiern und Süßigkeiten machen ihnen immer viel Spaß.

O-Figuren

Kinder lieben es, Buchstaben in Figuren umzuformen, so wie sie Spaß daran haben, sich selbst zu verkleiden und in andere Rollen zu schlüpfen. Diese Aufgabenstellung kann mit allen Buchstaben durchgeführt werden. Kinder entwickeln dabei oft lustige und erstaunliche Ideen. Überall in den Gegenständen ihrer Umwelt können versteckte Buchstabenformen entdeckt werden.

Unser Osterhase hat statt bunt bemalter Ostereier Buchstaben versteckt! Findest du das „O" und das „o"?

Schreibe Buchstaben auf ein Zeichenblatt und verstecke sie nach deinen Ideen!

Anna, 5 Jahre

In diesen Bildern sind andere Buchstaben versteckt!

Eier marmorieren

Material:
Tapetenkleister
Plastikeier oder ausgeblasene Eier
Schaschlikstäbchen
Klebefilm
ausgediente Trink- oder Einmachgläser
Marmorierfarbe (Fachhandel)
Pinsel
Zahnstocher

Mit dieser traditionsreichen Technik lassen sich Eier als Osterdekoration gestalten. Schnelle Erfolge und wunderschöne, oft zufällig entstandene Ergebnisse können dadurch erreicht werden.

1. Bereite zunächst den Marmoriergrund, den Farbträger vor. Dazu rührst du Tapetenkleister mit Wasser an (am besten sollte hier ein Erwachsener helfen) und lässt ihn einige Zeit quellen. In einen Liter Wasser rührst du dabei einen Esslöffel Kleisterpulver. Das Gemisch sollte nicht zu dickflüssig werden, gegebenenfalls verdünne es noch mit Wasser.

2. Als Halterung zum Eintauchen und Trocknen der Eier eignen sich Schaschlikstäbchen. Sie werden vorsichtig in die Öffnung des Plastikeies oder des Eies gesteckt. Mit Klebestreifen an den Stäbchen verhinderst du das Rutschen der Eier.

3. Den angesetzten Kleister als Marmoriergrund füllst du in ein Glas, das tief genug ist, um ein Ei eintauchen zu können.

4. Nun gibst du ein paar Farbtropfen mit dem Pinsel auf den Marmoriergrund. Ein bis zwei Farbtropfen genügen, um eine feine Maserung zu erreichen. Nach Belieben kannst du nun mit einem Zahnstocher Muster zieh

5. Tauche jetzt das Ei zügig in das Glas, bis es vollständig bedeckt ist. Nimm es dann ebenso zügig wieder heraus und lasse es abtropfen.

6. Der überschüssige Kleister wird vorsichtig unter dem Wasserhahn abgespült und der Spieß (mit dem Ei darauf) in ein Styroporstück zum Trocknen gesteckt.

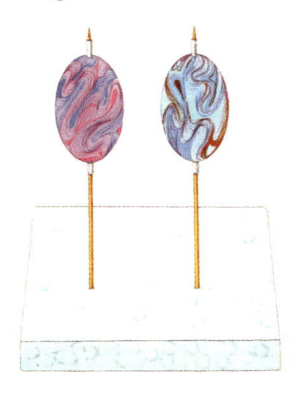

7. Stecke die getrockneten Eier auf ein mit Papier verkleidetes Stäbchen, dekoriere dieses mit Schleifen – fertig ist ein schöner Blickfang für Gestecke oder Blumentöpfe.

Tipps:
Um den überflüssigen Kleister schnell abwaschen zu können, sollte ein Wasserhahn in der Nähe sein. Die Technik des Marmorierens kann mit entsprechenden Farben bei vielen verschiedenen Materialien angewendet werden: Papier, Holz, Stoff, Leder und Gips.

Serviettenhalter

Diese selbst gemachten Serviettenhalter sind schnell und einfach herzustellen. In den passenden Farben zum Geschirr wirken sie sehr dekorativ und je nach Motiv bringen sie eine frühlingshafte Stimmung auf den Tisch.

Material:
festes Tonpapier
Bleistift, Schere,
Locher
Filzstifte
Geschenkbänder oder
Bast

Tipp:
Für die Serviettenhalter können verschiedene Materialien benutzt werden, z. B. wirken auch Filz- oder Wollreste auf Karton geklebt sehr schön.

1. Zeichne mit einem Bleistift das gewünschte Motiv auf Tonpapier auf. Anfangsbuchstaben der Gäste, Osterhasen, Blumenformen oder Ostereier sind nur einige Möglichkeiten. Jeder sollte dabei seine eigene Idee verwirklichen, so wird der Tischschmuck dekorativ und interessant.

2. Schneide das Motiv aus, bemale es mit Filzstiften oder beklebe es dekorativ mit andersfarbigem Papier.

3. Mit dem Locher stanzt du rechts und links ein Loch. Ziehe dadurch ein Band und verknote es so, dass hinten eine kleine Schlaufe stehen bleibt. Durch diese Schlaufe ziehst du die Serviette – fertig ist der Tischschmuck!

Osterhasen

Zu einem festlich dekorierten Tisch zu Ostern gehört natürlich auch ein Osterhase. Besonders Kinder lieben es, den für dieses Fest so typischen Gesellen herzustellen. Der hier vorgestellte Meister Lampe entstand aus einem Pappei, das mit Moos verkleidet und mit Filz und Bast ausgestaltet wurde.

1. Das Pappei wird mit getrocknetem Moos verkleidet. Du kannst das Moos direkt auf das Ei kleben oder mit Blumendraht Schicht für Schicht festwickeln.

2. Damit der Hase gut steht, schneidest du einen Pappstreifen in entsprechender Größe zurecht und klebst ihn zusammen. Mit aufgeklebten Filzresten dekorierst du den Hals.

3. Aus buntem Filz schneidest du Augen, Nase und Mund zurecht und klebst damit das Gesicht des Hasen auf.

4. Aus Kartonresten oder Filz schneidest du die langen Ohren aus, knickst sie an den Seiten ein und klebst sie an den Kopf. Sollten die Ohren umklappen, muss der Filz doppelt ausgeschnitten und zusammengeklebt angebracht werden.

5. Zum Schluss schneidest du Barthaare aus Bast zurecht und klebst sie an.

Material:
Papp- oder Plastikei
getrocknetes Moos
Klebstoff oder dünner Blumendraht
bunte Filzreste,
Kartonreste
Bleistift, Schere,
Klebstoff
Bast

Tipp:
Auf einen Stab gesteckt und mit einer Schleife versehen, wirkt der Hase auch im Garten oder in Blumentöpfen sehr dekorativ.

Post

Die Post gibt es nun schon seit 500 Jahren. Unzählige Postkarten, Briefe, Päckchen und Pakete sind alljährlich unterwegs, die mithilfe der Post von einer Stadt zur anderen und auch von Land zu Land transportiert werden. Dabei spielt die Entfernung keine Rolle. Oft müssen Poststücke viele tausend Kilometer weit transportiert werden, bis sie zu ihrem Empfänger gelangen. Zuvor wird die Post allerdings vor eine große und auch schwierige Aufgabe gestellt, von der wir gewöhnlich nichts sehen. In der Post müssen zunächst einmal alle Poststücke sortiert werden. Es gibt Postämter, in denen dies noch von Hand geschieht und andere, in denen Maschinen diese Arbeit übernehmen.

Denk nach!

Das Gebäude, das du erraten sollst, gibt es in jeder Stadt. Viele Menschen gehen dort ein und aus und bringen verpackte Dinge von zu Hause mit, die sie anderen Menschen geben wollen. Oft wohnen die Menschen aber so weit von einander entfernt, dass sie diese Dinge nicht selbst an den betreffenden Ort bringen können. Man trägt sie deshalb in dieses Gebäude an einen Schalter, hinter dem ein Mann oder eine Frau sitzt. An diesem Schalter kannst du nun kleine Aufkleber kaufen, die du dann auf die Verpackung klebst. Je weiter weg deine verpackten Dinge geschickt werden müssen und je schwerer diese Dinge sind, umso mehr Geld musst du für diese Aufkleber bezahlen. Danach wird dein Brief oder dein Paket in einem gelben Auto zum Empfänger transportiert.

Wo hörst du ein „P"?

Pippi geht zur **P**ost. Sie schickt an ihren **P**apa eine **P**ostkarte. Ihr **P**apa ist **P**irat und lebt auf einer kleinen Insel mit vielen **P**almen. Dort gibt es **P**apageien, **P**aviane und auch ein **P**ony. **P**ippi hat ihren **P**apa auf der Insel auch schon besucht. Dort bekam sie jeden Tag ihre Lieblingsspeise zu essen, denn von **P**udding mit **P**ampelmusen kann **P**ippi gar nicht genug bekommen.
Nachmittags trifft sich **P**ippi mit ihren Freunden. **P**ippi spielt nicht besonders gerne mit **P**uppen. Lieber schlägt sie **P**urzelbäume in ihrem Garten, reitet auf ihrem **P**ony oder spielt zusammen mit ihren Freunden **P**iratenschatzsuche.

Fallen dir noch weitere Wörter mit „P" ein?
(Pulli, Pudel, Plakat, Pulver, Pinguin, Pinsel, Pflaster, Pflaume, Pilz, Pfeife, Perle, Papier)

Zungenbrechersätze mit P

Postbote Peter purzelt polternd über Panther Paul.

Postbote Pius bringt Petra Briefe.

Pinguin Poldi packt Pappbecher in Päckchen.

Die Post bringt Pakete nach Potsdam und Pirmasens.

Die Papppuppe liegt in der Postmappe.

Der Postschalter

Material:
eine große Schachtel (z. B.: Verpackung für Fernseher)
Bleistift
scharfes Messer, Schere
Zeitungspapier als Unterlage
gelbe und schwarze Plakafarbe, Pinsel
Wasser

Elterntipp:
Ein Kasperletheater kann ebenso hergestellt werden. Mit angeklebten Vorhängen und lustig bemalt, können dann die tollsten Theaterstücke aufgeführt werden.

Am Postschalter werden Briefe, Telegramme und Päckchen aufgegeben. Dort können zum Beispiel Briefmarken gekauft und Einzahlungen auf das Postsparbuch gemacht werden. Kurzum, so ein Postschalter eignet sich wunderbar zum Spielen!

Die Herstellung einer Kinderpost ist zusammen mit einem Erwachsenen nicht schwer, etwas Zeit muss allerdings eingeplant werden.

1. Bis auf drei Seitenteile schneidest du von der Verpackung mit einem scharfen Messer alle Teile ab. Ein Erwachsener sollte dir bei dieser Arbeit hilfreich zur Seite stehen. Von den äußeren Seitenteilen nimmst du bis zur Kante noch jeweils einen Streifen Pappe weg.

2. Zeichne nun mit Bleistift einen Ausschnitt in das Mittelteil und schneide dieses Fenster wieder mit einem scharfen Messer aus.

3. Das Dach des Postamtes wird auf das Mittelteil gezeichnet und ebenfalls ausgeschnitten. Überstehende Kanten kannst du mit der Schere wegschneiden.

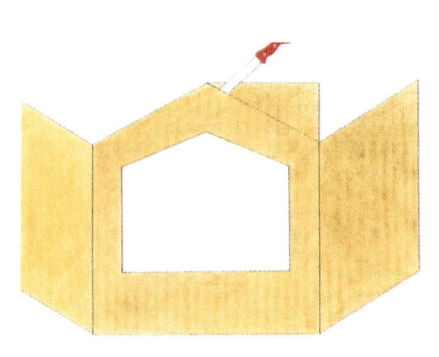

4. Bevor du den Postschalter mit gelber Plakafarbe anmalst, bereitest du zum Schutz der Arbeitsfläche ausgediente Zeitungen als Unterlage vor.

5. Zum Schluss kannst du den Schalter noch mit schwarzer Plakafarbe dekorieren. Dazu muss die gelbe Farbe aber vorher vollständig getrocknet sein.

Suche alle „P"!

Der Postbote Peter ist gestolpert und alle Päckchen sind durcheinander gefallen. Nun sucht er alle Pakete, die nach Paris geschickt werden und mit einem „P" gekennzeichnet sind. Kannst du ihm dabei helfen?

Briefpapier gestalten

Material:
ausgestanzte Moosgummibuchstaben und -formen oder Moosgummiplatten
Bleistift, Schere
feste Pappe,
Holzklötzchen oder Deckel
Klebstoff
Stempelkissen
Briefpapier
Filzstifte

Elterntipp:
Drucktechniken bieten viele Möglichkeiten zur Schulung der Bewegung und Koordination. Das Halten des Stiftes, der Schere, das Kleben und der Druckvorgang fördern die Feinmotorik des Kindes. Zudem unterstützen Druckverfahren das genaue Erfassen der jeweiligen Buchstabenform.

Für das Spiel am Postschalter benötigst du natürlich Briefumschläge, Karten und Schreibpapier. Ein sehr persönliches Briefpapier entsteht zum Beispiel, wenn du Papierbögen mit deinen Initialen oder mit Mustern am oberen Rand (Briefkopf) verzierst.

1. Zeichne mit einem Bleistift die Konturen der gewünschten Buchstaben auf die Moosgummiplatte. Einfache Tier- oder Pflanzenformen eignen sich ebenso als Motiv.

2. Schneide nun den Buchstaben oder das Motiv aus und klebe ihn auf ein Holzklötzchen oder feste Pappe. Dabei ist es wichtig, die Buchstaben seitenverkehrt aufzukleben, damit nach dem Abdruck die Schreibrichtung stimmt.

3. Drücke den fertigen Stempel nach dem Antrocknen in das Stempelkissen und mache auf einem Probeblatt einen Abdruck.

4. Ist der Abdruck gelungen, kannst du nun Briefbögen, Umschläge und Karten dekorieren. Nachdem die Farbe getrocknet ist, können die Motive noch mit Filzstiften ausgestaltet werden. Das Postspiel kann beginnen!

Variante
Mit dieser Technik lassen sich auch schöne Geschenkanhänger oder Geschenkpapiere herstellen. Auch Briefmarken für die Kinderpost (siehe Seite 113) können auf diese Weise gestaltet werden.

Briefmarken herstellen

Auch Kinderpost muss ausreichend frankiert sein. Auf einfache Weise kannst du dafür Briefmarken selbst herstellen.

Anna, 5 Jahre

1. Zeichne mit schwarzem Filzstift und Lineal verschiedene Formate (Rechtecke, Quadrate) für die Briefmarken auf.

2. Mit dem Finger drückst du nun auf das Stempelkissen und machst Abdrücke in die vorgezeichneten Briefmarken. Bevor du die Fingerabdrücke mit Filzstift weiter ausmalst, muss die Farbe ausgetrocknet sein.

3. Mit Buntstiften oder Filzstiften können verschiedene Motive in die restlichen Briefmarken gezeichnet werden. In eine Ecke trägst du Zahlen ein, die den Wert der Briefmarke angeben. Dabei können auch Erwachsene behilflich sein.

4. Zeichne nun Zacken rundum und schneide deine Briefmarken aus. Nun kannst du sie mit Klebstoff auf die Umschläge kleben.

Material:
Zeichenpapier
schwarzer Filzstift
Lineal
Buntstifte
Stempelkissen
Schere
Klebstoff

Quiz und Quatsch

Wenn es heißt: „Heute machen wir ein Quiz", dann sind Kinder meistens leicht dafür zu begeistern. Rätselspiele, die in Reimen vorgetragen oder einfach in Form von Frage-und-Antwort-Spielen durchgeführt werden, sind auch mit großen Gruppen gut durchführbar. Ein Erwachsener kann dabei den Quizmaster spielen, der die Fragen stellt und über richtig und falsch gegebene Antworten entscheidet. Im Rahmen solcher Rätselspiele können auch Aufgaben gestellt werden, bei denen Unsinnsgeschichten oder Quatschtexte von den Teilnehmern vorgetragen werden sollen. Dabei kommen oft lustige und originelle Ergebnisse zustande, die alle Beteiligten zum Lachen bringen.

Schimpfwörter-Abc

Erfinde liebevolle Schimpfwörter nach dem Abc. Die Schimpfwörter sollen niemanden verletzen, sondern aus Spaß gesammelt werden. Während eines Streites können fantasievolle Schimpfwörter sogar die Streithähne wieder zum Lachen bringen! Wer findet die lustigsten Schimpfwörter? Hier einige Beispiele:

- Du aufgetakelter Ameisenrüssel
- billiger Besenwisch
- chinesische Clownnase
- dusseliger Dosenschädel
- ewiger Erdbeerschnabel
- flapsiger Fliegenfänger
- grölender Gurkenwicht
- hoffnungsloser Hampelheini
- irrwitziger Igittbrocken
- johlender Juckreiz
- kümmerlicher Knackfrosch
- lotterlicher Läusekopf
- miesepetriger Mammutmops
- nachtblindes Noppentier
- oberschlauer Oberkloß
- popeliger Pinselpimpf
- quasselnde Quakente
- rostiger Räubernagel
- sabberndes Seeungeheuer
- tranige Trieftonne
- unmögliches Unkenungetüm
- verlotterte Vogelscheuche
- wasserscheues Wabbeltier
- x-füßiges X-Bein
- ytongharter Yuppikopf
- zittriger Zottelsocken

Wortspiele

Du kannst statt Schimpfwörter (siehe Seite 114) auch Monsternamen (vom Monster Augenfett zum Monster Zauderlich), Lieblingsortschaften (von Ahlerweilensulzenbach bis zu Zwieselbachstein) oder Unsinn-Namen (von Akoperodosion bis zu Zerfastimanie) erfinden!

Vielleicht hast du jetzt Lust, dir eine Unsinn-Geschichte, in der alle Buchstaben des Alphabets der Reihe nach vorkommen, auszudenken und aufzuschreiben. Hier ein Beispiel:

Abenteuer sind oft gefährlich. **B**lumen können dies allerdings auch sein. Der **C**lown kann ein Lied davon singen. Zusammen mit dem **D**rachen und einem **E**skimo wollte er im **F**asching einen Blumenstrauß den frechen **G**eistern schenken. Die wilden **H**exen auf ihren Besen erzählten dies dem **I**ndianer Nasskalte **J**ahreszeiten. Nasskalte Jahreszeiten war ein guter Freund der **K**obolde, die schon viele **L**änder und **L**andschaften besucht hatten, um dem **M**eister der **M**agie in der **N**acht zu helfen, zu **O**stern Blumen zu verschicken. Die **P**ost brachte die Blumen den Geistern, die gerade „**Q**uiz und **Q**uatsch", eine neue Fernsehserie anschauten. **R**itter und **R**äuber spielten darin die Hauptrolle. Die Geister hatten auch alle viel **S**paß in der **S**chule, denn **T**heater, **T**änze und **T**räume waren ihre Lieblingsfächer. Um ein **U**hr nachts war die Geisterstunde zu Ende. Die Blumen hatten sie vergessen. Die **V**ögel schliefen noch tief und fest und bald schon stand **W**eihnachten vor der Tür. Der Postbote war sauer und flog die schon welken Blumen nach **X**selsia, einem fernen Planeten. Die Xselsianer aber klagten dem **Y**eti ihr Leid, dass der Clown ihnen vertrocknete Blumen schenkte. Der Yeti ging zum **Z**irkus und drohte dem Clown Prügel an, wenn er nochmals solche Blumen verschenke.

Elterntipp:

An diesen Wortspielen haben Kinder besonders viel Spaß und Freude. Es entstehen oft fantasievolle Begriffe und erstaunliche Wortbildungen, die alle Beteiligten zum Lachen bringen.

Variante

Die Kinder malen ihr Monster oder ihren Traumort, z. B. eine schaurige Geisterburg oder ein gruseliges Monster.

Verrückte Welt

Vielen von uns bereitet es Vergnügen, ab und zu einfach nur dazusitzen und andere zu beobachten. Manchmal werden wir dabei Zeuge recht komischer Begebenheiten. Dem Beobachter unseres Bauernhofes geht es da nicht anders.

Text: Werner Tenta
Melodie: Werner Tenta / Andreas Altstetter

Refrain: Sah ich heut aus dem Fenster, verrückte Welt, das war ein Hit, wiegte sich die Kuh Gerlinde mit dem Elch im Tangoschritt.

Vers: Und die Hühner, die miauten, weil die Katze auf dem Mist, nach den Regenwürmern scharrte und nicht fündig geworden ist.

Ref.:
Sah ich heute aus dem Fenster,
verrückte Welt, das war ein Hit,
wiegte sich die Kuh Gerlinde mit dem
Elch im Tangoschritt.

1. Und die Hühner, die miauten,
weil die Katze auf dem Mist
nach den Regenwürmern scharrte und
nicht fündig geworden ist.

2. Schlaps, der Hund fing an zu zwitschern, flatterte mit einem Ohr,
denn die Spatzen auf den Dächern bellten ihm ein Liedchen vor.

3. Und die Pferdchen grunzten fröhlich,
wälzten sich im Schlamm dabei,
während alle Schweinchen wiehernd
schlürften deren Haferbrei.

4. Die Bäuerin fuhr mit den Skatern auf
die neue Rollerbahn
und der Bauer hörte sich genüsslich mit
den Tieren Techno an.

Die Raupe

Mit langgestrecktem Körper und kurzen Füßen bewegen sich die Raupen auf Sträuchern und Bäumen von Blatt zu Blatt. Oft sind sie sehr gefräßig und fressen sogar ganze Bäume kahl. Wenn sie sich jedoch später als Schmetterlinge entpuppen, erfreuen wir uns an ihren prächtigen Farben.

Aus einem Apfel, ach oh Schreck
schaut eine Raupe raus, ganz keck.

Die linke Hand umschließt von oben die zur Faust geballte rechte Hand. Nur der rechte Zeigefinger schaut zwischen linkem Ring- und Mittelfinger heraus und wackelt.

Sie frisst Blatt eins, Blatt zwei und drei,
kichert hihihi und schmatzt laut dabei (schmatzendes Geräusch).

Der rechte Zeigefinger tippt auf die linke Handfläche.

Nun ist sie satt und schläft schnell ein (Chhhrrr),

Die linke Hand umschließt den rechten Zeigefinger. Bei jedem Schnarchgeräusch heben sich die Finger leicht an.

erwacht erst im Frühjahr
bei Sonnenschein.
Räkelt und streckt sich einige Zeit,
schlüpft dann aus ihrem Raupenkleid.

Der rechte Zeigefinger schlüpft zwischen linkem Zeigefinger und Daumen aus der linken Hand. Beide Daumen liegen nun nebeneinander.

Nun sieh an, wie sich aus der Raupe glatt
ein schönes Tier entwickelt hat.
Mit Flügeln, bunt wie Regenbogen,
kommt es nun dahergeflogen.

Beide Hände öffnen sich, die Daumen liegen aneinander und mit weit gespreizten Fingern fliegt der Schmetterling davon.

Hast du es erkannt,
das schöne Tier,
wenn ja,
dann sag es
bitte mir.

Räuber

Mit gefährlichen, gewaltsam und rücksichtslos vorgehenden Bösewichten haben die Räuber und Räuberbanden in der Welt der Kinder glücklicherweise wenig zu tun. Sie können zwar auch grimmig schauen und manchmal sogar furchteinflößend wirken, haben aber meist auch liebenswerte und lustige Seiten an sich, die sie uns sympathisch machen. Beruhigend dabei ist auch, dass bei ihren Streifzügen nie jemand zu körperlichem Schaden kommt und jede Geschichte oder jedes Spiel mit diesen Gesellen letztendlich immer ein gutes Ende nimmt.

Zungenbrechersätze mit R

In eine echte Räuberfestung zu gelangen oder eine dunkle Räuberhöhle betreten zu dürfen, ist nicht so ohne weiteres möglich. Hineingelassen wird nur derjenige, der den geheimen Zungenbrechersatz kennt und ihn auch fehlerfrei aufsagen kann. Wie wäre es denn mit einem der folgenden Sätze? Fallen euch noch andere Zungenbrechersätze mit „R" ein?

Räuber Ratzelratz rettet Raubritter Ritzeltitz.
Ratte Richard rattert rollend rein ins Rattenloch.
Rudi Rüssel rollt rasch runde Rüben rüber zu Rabe Reini.
Räuber Rosenriese raubt rote Riesenrosen.
Robert Rüsselnase rudert rüber zu Raimund Rasselrüssel.
Drei Rudel Rehe riechen rote Rüben.

Die Räuberbande Ratzefatz

Auf einem Raubzug durch die Dörfer und Wälder hat die gefürchtete Räuberbande Ratzefatz viele nützliche Dinge geraubt. In ihrem Versteck angekommen, breiten sie die Beute auf dem Tisch aus und schauen sich die Gegenstände genau an. Als alle einen Moment lang unaufmerksam sind, entwendet der frechste und kleinste Räuber eine Uhr. Ob die anderen das wohl bemerken?

Material:
fünf bis zehn Alltagsgegenstände
Teilnehmer:
ab 2 Kinder

Auf dem Tisch werden fünf bis zehn Gegenstände verteilt, die dem Kind bekannt sind. Alle Mitspieler prägen sich diese Dinge nun ca. eine Minute lang ein. Danach drehen sich alle um und ein Gegenstand wird entfernt oder durch einen anderen ausgetauscht. Wer findet heraus, was fehlt oder ausgetauscht wurde?

Elterntipp:
Bei diesem Gedächtnisspiel werden Konzentration, Wahrnehmung und Merkfähigkeit gefördert. Die Anzahl der Gegenstände ist abhängig vom Alter der Kinder – je älter die Kinder sind, umso mehr Gegenstände können ausgewählt und ausgetauscht werden.

Variante
Die Gegenstände müssen ertastet werden. Dazu wird ein Tuch über die Dinge gelegt und die Kinder fühlen mit den Händen, um was es sich handelt. Wird der Gegenstand richtig erraten, darf das Kind ihn behalten. Nun ist das nächste Kind an der Reihe.

Wortspiele

Wenn die Räuberbande Ratzefatz abends nach ihrem Beutezug um das Lagerfeuer sitzt, überlegen sie sich gern lustige Wortspiele, um sich die Langeweile zu vertreiben. Einige davon haben sie verraten, damit sich auch andere damit vergnügen können.

Material:
Wörterschlange
Stifte
Papier
Behälter
Teilnehmer:
mindestens zwei Kinder

Variante
Wer Wörter mit dem gleichen Anfangsbuchstaben zu einem sinnvollen Satz gebildet hat, erhält für jedes Wort einen Punkt. Kleinere Kinder können mit dem gleichen Anfangsbuchstaben zwei Wörter suchen, zum Beispiel „alter Anzug", „braune Bären" etc. Schwierige Buchstaben wie „C", „Q", „X" oder „Y" können weggelassen werden.

Material:
Abc-Spiel
Stifte
Papier
Teilnehmer:
ab 2 Kinder

Wörterschlange
Bei diesem Spiel kommt es darauf an, innerhalb kürzester Zeit einen Satz mit Wörtern zu bilden, die alle den gleichen Anfangsbuchstaben haben.

Groß- und Kleinbuchstaben des Alphabetes werden auf Zettel geschrieben, zusammengefaltet und in einen Behälter gelegt. Ein Mitspieler darf den ersten Buchstaben ziehen, zum Beispiel ein „A a". Nun muss mit diesem Buchstaben ein Satz gebildet werden, z. B.: „Anna arbeitet am Abend allein am Aufsatz."
Wer zuerst fertig ist, hat gewonnen und darf den nächsten Buchstaben ziehen.

Weitere Beispiele:
Beatrix bezahlt braunes Brot beim Bäcker. Manuela mag Marmelade mit Müsli. Nils nimmt neben Nieten noch Nägel nach nebenan. Dieter darf die Dorfmusikanten dirigieren. Kathrin kauft keinen kunterbunten Kinderwagen.

Abc-Spiel
Bei diesem Spiel werden aus verschiedenen Bereichen nach dem Abc Begriffe gesucht. Die Themen können je nach Interesse oder Alter der Kinder ausgesucht werden. Die Begriffe werden wahlweise aufgeschrieben oder genannt. Um den Schwierigkeitsgrad zu erhöhen, können Sie auch eine bestimmte Zeit vorgeben, in der die jeweiligen Begriffe aufgeschrieben (oder benannt) werden müssen.

Wir suchen z. B. Begriffe aus der Welt der Räuber und Raubritter nach dem Abc: Von Armbrust bis Zugbrücke.
Tiere: Vom Alligator bis zum Zebra.
Namen: Von Agnes bis Zacharias.

Märchenfiguren: Vom Aschenputtel bis zum Zauberer.
Berufe: Vom Arzt bis zum Zeitungsverkäufer.
Städte: Von Aachen bis Zwickau.
Länder: Von Amerika bis Zaire.
Obst: Vom Apfel bis zur Zitrone.
Spielzeug: Vom Auto bis zum Zwerg.

Wer die meisten Wörter gefunden hat, gewinnt das Spiel und darf das nächste Thema wählen.

Geschichten erfinden

Bei diesem Spiel werden drei oder mehrere Reizwörter genannt, zu denen eine kleine Geschichte erfunden werden soll. Je nach Alter des Kindes erhöht sich die Anzahl der Reizwörter. Ein Mitspieler sagt drei Wörter, z. B. „Hase", „Baum", „Wiese". Aus diesen Wörtern müssen die Mitspieler schnell eine Geschichte erfinden. Nach zwei Minuten muss jeder seine Geschichte vorlesen oder vortragen. Wer den lustigsten Text erfunden hat, darf als Nächster Reizwörter nennen.

Beispiel:
Der Hase Moritz hoppelt wie jeden Morgen über seine Wiese. Es ist eine wunderschöne Blumenwiese mit vielen bunten Blumen. Er schnuppert dann jedes Mal ganz fest an ihnen, um sich an ihrem Duft zu erfreuen. Doch soviel gute Düfte machen ihn auch immer ganz müde und er legt sich dann unter den großen alten Baum, um in seinem Schatten einen Mittagsschlaf zu halten.

Material:
Geschichten erfinden
Bleistift
Papier
Uhr
Teilnehmer
ab 2 Kinder

Elterntipp:
An diesen Wortspielen haben Kinder besonders viel Spaß und Freude. Es entstehen oft fantasievolle Begriffe und erstaunliche Wortbildungen, die alle Beteiligten zum Lachen bringen.

Auf der Flucht

Die Räuberbande Ratzefatz hat ein Spielzeuggeschäft ausgeplündert. Nun müssen sie schnell wegrennen, da der Polizeiwachtmeister Himpel ihnen schon auf den Fersen ist!
Was haben die Räuber in der Eile unterwegs alles verloren?

Der Schatz in der Räuberfestung

Tief in einem dunklen Wald hat sich die Räuberbande Ratzefatz eine Festung aus vielen großen Baumstämmen gebaut. Die Räuber verstecken dort ihre Schätze, die sie auf ihren Beutezügen geraubt haben. Polizeiwachtmeister Himpel hat diese Festung zwar bei seiner letzten Suche nach den Räubern entdeckt, konnte aber die Schätze nicht herausholen. Er bemühte sich sehr, doch auf keiner Seite der Räuberfestung fand er einen Eingang. Zum Glück kam ihm die gute Fee Hanna zu Hilfe und schenkte ihm einen Zauberwürfel, mit dem er Baumstamm für Baumstamm von der Räuberfestung wegzaubern konnte.

Material:
viele Streichhölzer
Würfel
kleine „Schätze"
(z. B.: Bonbons oder Schokolade)

Der „Schatz" (ein Bonbon oder ein Schokoladenstück) wird in die Mitte des Tisches gelegt und mit den Streichhölzern völlig eingedeckt. Die Räuberfestung soll niedergerissen und der Schatz geborgen werden. Dazu würfeln die Teilnehmer der Reihe nach. Jeder darf so viele Hölzer aus der Festung entfernen, wie er Augen wirft. Gewonnen hat, wer am Ende, wenn der Schatz ganz freigelegt worden ist, die meisten „Baumstämme" gewürfelt hat. Als Preis erhält der Sieger diesen „Schatz".

Varianten
Der „Schatz" gehört demjenigen Spieler, der die letzten Stämme mit einem passenden Wurf wegräumen kann. Statt mit Streichhölzern kann die Festung auch mit Bauklötzen oder Legosteinen errichtet werden.

Spaß in der Schule

Jedes Jahr kommen viele tausend Kinder neu in die Schule. Die Abc-Schützen, wie sie auch genannt werden, beginnen einen neuen Abschnitt in ihrem Leben. Freudig gespannt, aber manchmal auch etwas unsicher, betreten sie am ersten Schultag mit ihrer Schultüte das Schulgebäude. In den nächsten Wochen und Monaten werden sie in ihrer neuen Umgebung behutsam an neue Aufgaben, wie Lesen oder Schreiben lernen, herangeführt. In den meisten Ländern besteht die so genannte Schulpflicht. In früheren Jahrhunderten war dies nicht der Fall. Da mussten Kinder stattdessen oft hart arbeiten und hatten nicht die Möglichkeit, Rechnen, Schreiben, Lesen oder gar andere Sprachen zu lernen.

Wer weiß es?

Diese Rätsel aus der Erfahrungs- und Erlebniswelt der Kinder regen zum Nachdenken und Erzählen an. Es können aber auch bekannte Geschichten nacherzählt, erfunden oder weitergesponnen werden. So festigt und erweitert sich der Wortschatz des Kindes. Die Fantasie und Kreativität wird gefördert. Je nach Alter sollte der Schwierigkeitsgrad für die Kinder angepasst werden.

Es ist ein Ort, an den sich ältere Kinder jeden Wochenvormittag begeben. Es sei denn, sie sind krank oder es sind Ferien. (Schule).

Diesen Gegenstand nimmst du an deinem ersten Schultag mit. Er ist gefüllt mit allerlei nützlichen, schönen und süß schmeckenden Dingen. Es ist die ...? (Schultüte).

Der Lehrer schreibt mit Kreide darauf. (Tafel).

Jedes Schulkind benötigt diesen Gegenstand und Hefte und Bücher wohnen darin, wenn man sie gerade nicht braucht. (Schulranzen).

Beispiele aus der Welt der Geschichten und Märchen:
Gesucht wird ein Mädchen mit roten Zöpfen, die gerne Pferde auf Händen trägt und Polizisten verjagt. Dieses Mädchen ist enorm stark und hat einen Affen. (Pippi Langstrumpf).

Gesucht wird ein Mädchen mit einer goldenen Kugel und einer Krone. Sie schläft nicht gerne mit einem Frosch im Bett. (Prinzessin aus Froschkönig).

Wie heißt der Kater, der Stiefel trägt und armen Müllerssöhnen hilft? (Der Gestiefelte Kater).

Wir suchen ein Mädchen mit roter Mütze, das seiner Großmutter Essen bringen soll. (Rotkäppchen).

Reimwörter

Nicht nur in der Schule wird nach Reimwörtern gesucht, sondern daran haben schon die Kleinsten ihren Spaß. Findest du das passende Reimwort?

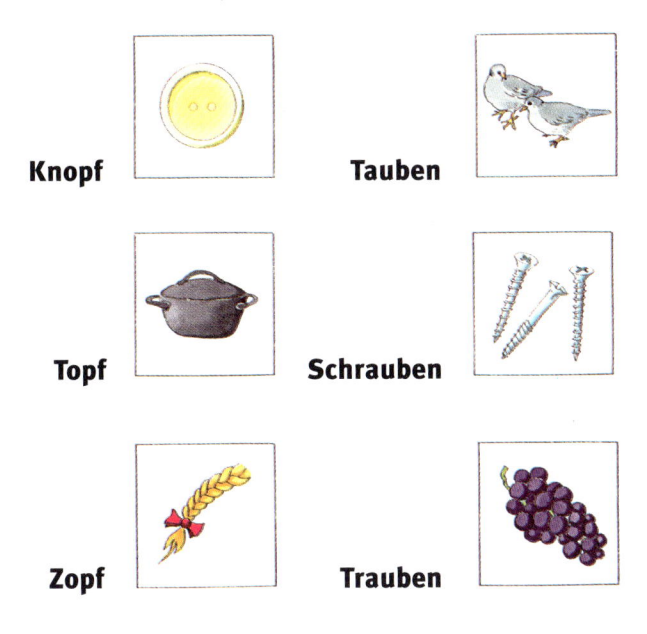

Knopf **Tauben**

Topf **Schrauben**

Zopf **Trauben**

Mütze — Bett
Pf... — Br...
Sch... — F...
Gr... — n...

(Pfütze, Schütze, Grütze)
(Brett, Fett, nett)

Welche Wörter klingen gleich?
Hose – Rose,
Hund – Mund,
Schlange – Zange,
Haus – Maus,
Zwerg – Berg,
Hase – Nase

Schwungübungen

Schwungübungen sind ein wichtiger Bestandteil zum Erlernen der Schreibfertigkeit. Auf einfache Weise wird eine gelöste Haltung und Bewegung trainiert. Wichtig ist ein spielerischer, unverkrampfter Einstieg, der dem Alter des Kindes angepasst wird. Es sollte nicht durch Überforderung den Spaß am Malen, Zeichnen und Schreiben verlieren. Am besten fangen Sie mit einem großflächigen Format an und benutzen Wachsmalstifte, die gut in der Hand des Kindes liegen. Je älter das Kind wird, umso differenzierter sollten die Übungen sein. Die folgenden Beispiele können für das Kind oder zusammen mit dem Kind auf Papier übertragen und weiter gestaltet werden.

Beim Frisör
Male die Frisuren weiter!

Unter Wasser
Alle Fische brauchen noch ein Schuppenkleid!

Igelfamilie
Zeichne die fehlenden Stacheln dazu!

Mit der Eisenbahn unterwegs
Male viele Rauchwolken!

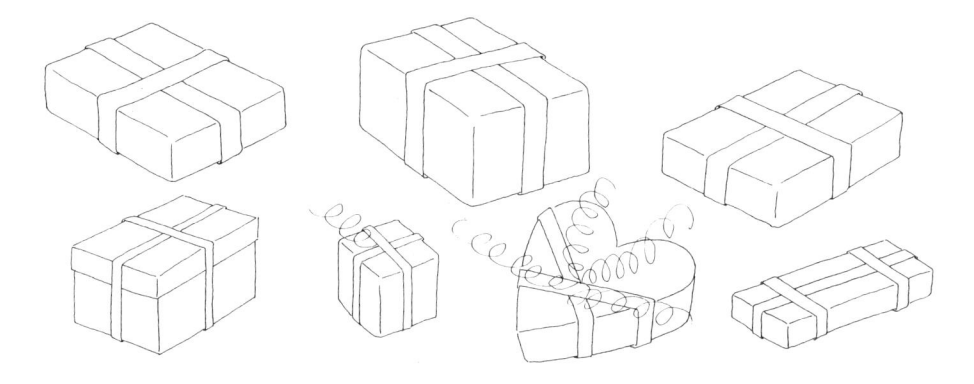

Geburtstagspäckchen
Male die Geschenkbänder an die Päckchen!

Buchstaben-Bild-Collage

Material:
alte Kataloge,
Zeitschriften,
Prospekte
festes Zeichenpapier
Schere
Klebstoff

Eine weitere Möglichkeit mit Kindern spielerisch zu üben, ist die Collage mit Buchstaben und passenden Anlautbildern. Durch diese Übungen und Lautspiele werden die Kinder auf die Laute aufmerksam, die sie in ihrer Sprache benutzen. Wichtig dabei ist eine deutliche Aussprache, die die Aufmerksamkeit des Kindes auf den Anfangsbuchstaben lenkt.

Wähle einen Buchstaben aus, zum Beispiel das „S". Suche zusammen mit einem Erwachsenen in Katalogen oder Zeitschriften diese Buchstaben, schneide sie aus und klebe diese in die Mitte unseres Zeichenblattes. Schaue nun alle Zeitungen, Prospekte und Kataloge durch und suche passende Abbildungen, die mit diesem Buchstaben beginnen. Schneide oder reiße die Bilder aus und klebe sie zu den Buchstaben. Spreche dabei deutlich die Wörter aus. Für das fertige Bild kannst du dir nun einen schönen Platz zum Aufhängen suchen.

Tipp:
Viel Spaß haben die Kinder auch beim Aussuchen von Abbildungen, die mit dem Anfangsbuchstaben des eigenen Namens beginnen.

Elterntipp:
Besonders Vorschulkinder lieben in Verbindung mit „Schule spielen" Aktivitäten dieser Art. Mit kleineren Kindern können die Bilder aus Katalogen auch ausgerissen werden. Zusätzlich wird beim Reißen, Schneiden und Kleben die Feinmotorik und Auge-Hand-Koordination geschult.

Der Fehlerfresser

In einigen Schulen gibt es zum Glück der Kinder kleine Wesen, die ihnen auf seltsame Art und Weise hilfreich zur Seite stehen. Diese wunderlichen Geschöpfe kommen in der Nacht und suchen in den Heften und Ordnern der Kinder nach Fehlern und fressen diese mit Begeisterung und großem Appetit auf!

1. Entwerfe mit Bleistift die Figur des Fehlerfressers in groben Umrissen. Da er gierig Buchstaben verschlingt, muss der Bauch entsprechend groß gezeichnet werden. Suche in Zeitungen und Prospekten die passenden Buchstaben und schneide sie aus. Das Bild wird interessanter, wenn die Buchstaben verschiedene Größen und Schriftformen aufweisen.

2. Klebe nun mit den Buchstaben den Bauch auf und achte dabei auf eine geschlossene Form. Die Buchstaben werden direkt aneinander geklebt und dürfen sich auch überschneiden.

3. Nachdem der Kleber getrocknet ist, vervollständigst du das Bild mit Wachsmalkreiden. Zeichne alle Einzelheiten wie Arme, Beine und Gesicht dazu. Wichtig ist ein geöffneter Mund mit großen Zähnen, damit der Fehlerfresser auch gut zubeißen kann!

Variante
Die Buchstaben oder Wörter können von den Kindern vorher aufgemalt und dann dem Fehlerfresser zum Fraß vorgeworfen werden. Manchmal bevorzugt so ein Wesen auch geschriebene Namen oder Abbildungen von bestimmten Gerichten!

Material:
schwarzes, festes Tonpapier als Untergrund (mindestens DIN A4 groß)
Bleistift
alte Zeitungen und Prospekte
Schere
Klebstoff
Wachsmalkreiden

Tipp:
Die Gestaltung von Collagen und die Umsetzung dieses Themas bereiten Kinder in jedem Alter Freude. Damit für die Kleinsten der Arbeitsaufwand nicht zu groß wird, können die Buchstaben vorher ausgeschnitten und in Dosen gesammelt, angeboten werden.

Andreas, 7 Jahre

Theater, Tänze, Träume

Kinder lieben Theaterstücke und Puppenspiele. Sie empfinden die Spielfiguren als lebendige Partner und erleben die Handlungen auf der Bühne als wirkliche Gegebenheiten. Voller Begeisterung und Freude nehmen sie an Theaterstücken teil, mit Spannung werden Geschichten und Handlungen verfolgt und miterlebt. Auch wenn Kinder Puppen selbst in die Hand nehmen, schlüpfen sie in deren Rolle. Sie können beim Spiel mit viel Fantasie Abenteuer erleben und Gefühle, Träume, Wünsche und Ängste ausleben. Aus scheuen Kindern werden mutige, starke Ritter, mächtige Zauberer und verwunschene Prinzessinnen. Sie werden Herren über die ganze Märchenwelt und oft über die Erwachsenen. Auf diese Art können Erlebnisse und Erfahrungen verarbeitet und umgesetzt werden.

Material:
Briefumschlag
Schere, Klebstoff
Papierreste
Filzstifte

Das Briefumschlagtheater

Eine Theaterbühne muss nicht unbedingt groß sein. Selbst aus einem Briefumschlag kann auf die Schnelle eine wunderbare Bühne gezaubert werden. Eine kleine Papierpuppe dazu gebastelt, und schon kann ein Theaterstück aufgeführt werden, das vor allem die jüngsten Zuschauer in seinen Bann zieht.

1. Klappe die Lasche des Briefumschlags nach oben. Die geschlossene untere Seite aufschneiden, so entsteht eine Öffnung. Lasse dir dabei von einem Erwachsenen helfen.

2. Schneide in Form von Theatervorhängen an der Vorderseite des Briefumschlages einen Teil heraus – schon ist die kleine Bühne fertig. Wer möchte, kann die Bühne noch mit Filzstiften verzieren.

3. Zeichne nun auf ein Stück Papier eine Spielfigur nach deiner Wahl auf. Schneide die Figur entlang der Umrisse aus – fertig ist der Schauspieler. Mit einem kleinen, an der Rückseite der Figur aufgeklebten Papierstreifen kannst du die Papierpuppe auf ihrer Bühne hin und her bewegen. Das Theaterstück kann beginnen.

Handpuppen aus Socken

In jedem Haushalt finden sich einzelne alte Socken, deren Gegenstücke auf geheimnisvolle Weise verschwunden sind. Aus den Einzelstücken können daraus mithilfe von unterschiedlichsten Materialien wie Knöpfen, Stoff-, Woll- und Papierresten oder Pfeifenputzern lustige Handpuppen gestaltet werden, die sich zum Aufführen von Theaterstücken und Spielen hervorragend eignen. Auf der nächsten Seite findest du einen Vorschlag für ein solches Handpuppenspiel.

1. Zeichne ein Oval auf Karton auf und schneide es aus. Lasse dir dabei von einem Erwachsenen helfen. Die Größe des geplanten Sockentieres bestimmt die Größe des Ovales.

2. Das Oval wird zur Hälfte zusammengefaltet, so entsteht in der Mitte ein Knick.

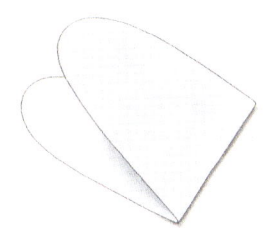

3. Drehe die Socke nun nach links und klebe das Kartonstück so fest, wie sich später der Mund des Tieres bewegen soll. Schlüpfe dazu vorher mit der Hand in die Socke und probiere das Kartonstück aus, indem du den nun entstandenen Mund bewegst.

4. Jetzt kannst du deine Handpuppe dekorieren. Die einzelnen Teile können aufgeklebt oder angenäht werden. Wolle für die Haare oder den Bart werden einfach durch die Socke gezogen und verknotet. Von außen können als Mund Filzreste angenäht oder angeklebt werden. Nasenlöcher entstehen durch angenähte Knöpfe und Hüte aus Papierresten.

5. Mit Füllwatte können die Puppen zusätzlich in Form gebracht werden. Dazu stopfst du Füllmaterial in ein Stück Feinstrumpfhose, verknotest diese und drückst sie in die Socke. Die Hand zum Spielen muss trotzdem noch Platz haben. Mit ein paar Stichen kann das Füllmaterial innen festgenäht werden. Auf diese Art können zum Beispiel Kopfformen verändert oder große Nasen besonders hervorgehoben werden.

Material:
**alte Socken
Bleistift
Kartonrest
(ca. 30 x 20 cm)
Klebstoff
Schere, Nadel, Faden
Knöpfe, Filz-,
Gardinen-, Papier-,
Kartonreste, ausgedienter
Modeschmuck,
Wattekugeln,
Wackelaugen
Füllwatte
alte Feinstrumpfhose**

Die Schweinchen-Hochzeit

Es muss nicht immer das klassische Kasperltheater sein, um Kinder zu begeistern. Selbst gemachte Handpuppen, die eine zuvor ausgedachte Geschichte erzählen oder in Reimform vortragen, können die kleinen und großen Zuschauer ebenso in ihren Bann ziehen.

*Carolin und Baltasar
sind ein glückliches Schweinchenpaar.
Sie laden viele Gäste ein,
zu ihrer Hochzeit, bei Musik und Wein.
Und an ihrem Festtag dann
ziehn sie sich ganz vornehm an.
Den Frack leiht Baltasar sich aus
von seinem Freund, dem Vogel Strauß.
Zylinder und die schwarze Fliege
schenkt ihm Elsbeth, die nette Ziege.
Aber auch Schweinchen Carolin
macht sich ganz schön, nur für ihn.
Geschmückt mit Perlen und Diamanten
betritt sie den Saal und die Musikanten
spielen dann das Hochzeitslied,
die Gäste stehn in Reih und Glied
und zusammen mit ihrem Baltasar
schreitet sie nun zum Traualtar.
Frosch Pepe quakt: „Welch schöne Braut
wird dir Baltasar da angetraut.
Bist du nicht gänzlich zu beneiden?
Glück und Segen wünsch ich euch beiden.
Und als Geschenk zur Hochzeitsfeier
lade ich euch ein an meinen Weiher.
Nehmt eure Badehosen mit,
denn mein Weiher ist der Hit!"
Jakob, die Maus, tippelt nun heran
und piepst die beiden Schweinchen an.
„Auch ich wünsch euch ein schönes Leben,
möchte euch darum was viel Besseres geben.*

*Ich lade euch in meine Scheune ein,
ihr sollt dort meine Gäste sein.
Ich lebe dort in Saus und Braus,
nur vor der Katz nehm ich Reißaus."
Da tritt die vornehme Eule vor
und spricht: „Ach Maus, du armer Tor!
Sie können dich ja mal besuchen,
eine Stunde lang zu Tee und Kuchen.
Doch für eine Hochzeitsreise ist
deine Behausung wohl zu trist.
Ich lade euch in meinen Wald
überlegt nicht lang und kommt recht bald.
Dort habt ihr auf dem höchsten Baum
eine Aussicht, glaubt mir, es ist ein
Traum."
Doch die beiden Schweinchen bitten:
„Freunde, jetzt wird nicht gestritten!
Wir wollen lieber im Schlammloch baden,
dazu seid herzlich eingeladen.
Wir suhlen uns den ganzen Tag,
kein Stress, kein Ärger, keine Plag.
Probiert es aus und ihr werdet sehen,
wie schön die Zeit euch wird vergehen.
Die Freunde schauen sich zweifelnd an.
„Ist dies für uns ein guter Plan?
Wir feiern Hochzeit bei Musik und Wein,
das Schlammloch lassen wir besser sein."
So spricht die Eule und die Maus
sagt: „Liebe Schweinchen, ach oh Graus!
Mein Fell wird dabei ganz voll Dreck,
den Schlamm bring ich dann nie mehr weg!"
Und auch der Frosch quakt nicht erfreut:
„Leute, lieber lassen wir das heut.
Wir feiern, lachen, tanzen, essen,
das Schlammbad lasst uns schnell vergessen."
Und alle Freunde stimmen bei,
dass jedem sein Zuhaus doch wohl am schönsten
sei!*

Der kleine Dinosaurier

> Im Schlaf träumen wir oft Dinge, die wir so deutlich hören und sehen, als wäre es Wirklichkeit. Erleben wir dabei schöne Dinge, erwachen wir manchmal etwas wehmütig, weil der Traum nun vorbei ist. So ergeht es zumindest dem kleinen Dinosaurier in unserem Lied.

Text: Werner Tenta
Melodie: Andreas Altstetter / Werner Tenta

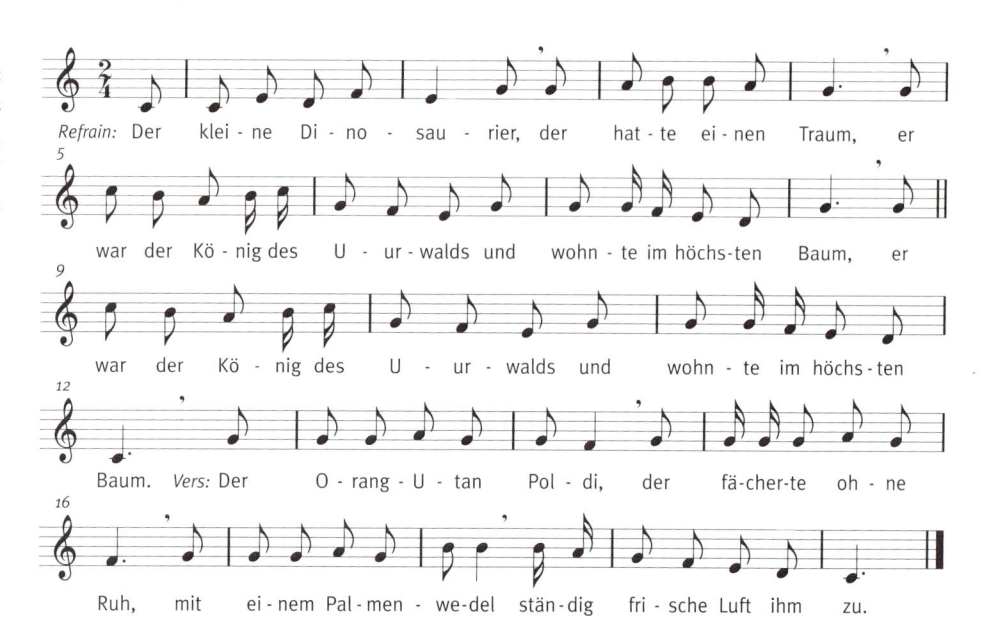

Ref.: Der kleine Dinosaurier, der hatte einen Traum,
er war der König des Urwalds und wohnte im höchsten Baum.

1. Der Orang-Utan Poldi, der fächerte ohne Ruh
mit einem Palmenwedel ständig frische Luft ihm zu.

2. Der Panther Kaliburo kraulte an Dinos Nacken
mit seinen spitzen Krallen des Dinos große Zacken.

3. Die Affendame Lilli bekochte ihn so gern
und gab ihm dann zum Nachtisch süße Kirschen ohne Kern.

4. Die Tigerin Kassandra brachte ihm auf der Stelle
das feinste und klarste Wasser aus der Dschungelquelle.

5. Und als der kleine Dino war ganz vergnügt und heiter,
weckt ihn der Dino-Papa und sagt: „Komm, wir müssen weiter."

Schwarzlicht-Vorführung

Unheimliche Gestalten, die mit flatternden Gewändern durch die Gänge eines Schlosses schweben oder mit dem Kopf unter dem Arm spazieren gehen, kennen wir natürlich aus Geistergeschichten. Mit einfachen Mitteln, ein paar Tricks und speziellen Lichteffekten kannst du solche Darbietungen aber auch zu Hause vorführen.

Material:
schwarzer Vorhang
Nachttischlampe mit einer Schwarzlichtbirne
Stück Karton (schwarz angemalt),
Stuhl,
schwarzer Stoff
weißes Bettlaken
Hose, Strümpfe und Handschuhe in Schwarz,
evtl. Kassettenrecorder und Kassette mit „Geisterstimmen"

Das Geheimnis der Schwarzlicht-Vorführung besteht darin, dass alles, was der Zuschauer nicht sehen soll, mit schwarzem Stoff verdeckt werden muss. Alle anderen Farben (vor allem fluoreszierende Farben) sind für den Zuschauer gut sichtbar.

Das schwebende Gespenst
Vorbereitung
1. Befestige an einer geeigneten Wand im Raum einen langen schwarzen Vorhang. Die Darbietung findet vor diesem Vorhang statt.

2. Etwa ein bis zwei Meter vom Vorhang entfernt stellst du die Schwarzlichtlampe auf den Boden. Zu den Zuschauern hin verdeckst du sie mit einem schwarzen Karton.

3. Die Darbietung muss in einem völlig verdunkeltem Raum stattfinden, damit der Schwarzlichteffekt auch zur Geltung kommt.

Vorführung
Ein Kind zieht sich das Geistergewand an (z. B. ein weißes Bettlaken über den Kopf gelegt), dazu trägt es eine schwarze Hose und schwarze Strümpfe und setzt sich zusammengekauert auf den Boden. Das Schwarzlicht wird nun angeschaltet und das Kind erhebt sich ganz langsam vom Boden. Da die Zuschauer nur das weiße Gespenstergewand sehen, schwebt für sie der Geist schon über der Erde. Durch flatternde Bewegungen der Arme und federnden Gang wird dieser Eindruck des Schwebens noch verstärkt. Zur Untermalung kannst du noch schaurig schöne Geistergeräusche vom Kassettenrecorder abspielen. Wenn der schwebende Geist jetzt auch noch auf den mit schwarzem Stoff verdeckten Stuhl steigt, ist das Erstaunen der Zuschauer bestimmt zu hören. Zum Schluss der Darbietung steigt der Geist wieder vom Stuhl herunter, winkt unter schaurigem Geistergeheul noch einmal in das Publikum und wird plötzlich unsichtbar. Das Gespenst versteckt sich nämlich ganz schnell hinter dem Stuhl und ist somit auf der Bühne für den Zuschauer nicht mehr zu sehen. Wichtig dabei ist, den Stuhl auf der Bühne so hinzustellen, dass sich die Stuhllehne auf der Vorhangseite befindet.

Material:
**schwarzer Vorhang
Nachttischlampe mit einer Schwarzlichtbirne
Stück Karton (schwarz angemalt)
schwarzer Stoff
Pullover, Hose, Strümpfe und Handschuhe in Schwarz
schwarze Kopfmaske mit zwei Augenschlitzen
weißer Arbeitskittel oder weißes Hemd**
Teilnehmer:
mindestens 2 Kinder

Der zerstreute Professor

Zusammen mit einem Partner kannst du den Zuschauern auch ein kleines Theaterstück (Schwarzlichttheater) bieten.

Vorbereitung

Ein Kind trägt möglichst helle Kleidung (darüber eventuell einen weißen Arbeitskittel oder ein weißes Herrenhemd) und setzt sich die schwarze Kopfmaske auf. Der Zuschauer sieht somit eine kopflose Gestalt auf der Bühne. Der Partner hingegen ist bis zum Hals hin schwarz gekleidet (Socken, Hose, Pullover, Handschuhe). Er versteckt sich auf der Bühne, indem er sich einfach ein schwarzes Tuch vor den Kopf hält.

Vorführung

Der zerstreute, kopflose Professor betritt schimpfend die Bühne.
Professor: „Ja, zum Kuckuck noch mal, gerade eben habe ich ihn noch gehabt! Ich weiß auch nicht, wie mir das immer wieder passieren kann, aber in letzter Zeit bin ich wohl etwas zerstreut. Kann mir von euch jemand sagen, wo ich meinen Kopf liegen gelassen habe?"
Der „Kopf", der sich in der Zwischenzeit hinter den Professor geschlichen hat, meldet sich:
„Ja, ja, es ist immer das Gleiche mit dir! Wenn ich nicht ständig hinter dir herrollen würde, würdest du mich wirklich noch einmal verlieren."
In diesem Moment schaut der Kopf unter dem Arm des Professors hindurch.
Professor: „Ja, Gott sei Dank, hab ich dich wieder gefunden!"
Kopf: „Was heißt hier, du hast mich gefunden. Ich habe dich gefunden!"
Professor: „Papperlapapp! Ich dich, du mich, das ist doch einerlei! Wichtig ist nur, dass du wieder da bist!"
Kopf: „Na, ganz so unwichtig ist das nun auch wieder nicht, denn schließlich musste ich dir den ganzen langen Weg hierher folgen. Und ohne Beine ist das ziemlich mühsam, das kannst du mir schon glauben! Bitte, tu mir einen Gefallen und kratz mich mal an der Nase, denn dort juckt es mich ganz fürchterlich!" *Der Professor kratzt den Kopf mit dem Zeigefinger an der Nase.*
Professor: „Na, siehst du, was wärst du wohl ohne mich? Du könntest dich ja nicht einmal selbst kratzen!"
Kopf: „Ha, da muss ich aber lachen! Was wärst denn du ohne mich? Du würdest ja nicht einmal mehr sehen, worüber du stolperst in deiner Schusseligkeit! Außerdem, wer denkt dann für dich? Du wärst ohne mich ganz schön aufgeschmissen!"
Professor *(kleinlaut)*: „Du hast ja Recht. Ich sollte in Zukunft wohl doch etwas mehr auf dich achten, dann kommen wir beide besser über die Runden! Bevor ich dich aber wieder aufsetze, sollten wir den Zuschauern unsere kleine Jongliernummer zeigen."

*Kopf wendet sich an die Zuschauer:
„Wollt ihr das wirklich sehen?"
(Nach einer kleinen Pause)*: „Aber lass mich nicht wieder fallen wie beim letzten Mal, das tat nämlich ziemlich weh!"
Professor: „Sei doch nicht immer so nachtragend! Das war nun wirklich keine Absicht!"
(Der Professor kniet sich dabei hin und legt sich den Kopf auf seine rechte Hand. Nach zweimaligem Wippen wirft er den Kopf von der einen zur anderen Seite und fängt ihn mit der linken Hand auf. Dies wiederholt sich ein paar Male.)
Und so funktioniert dieser Trick: Der Kopf liegt in der rechten Hand des Professors. Da der Professor kniet, kann sich der andere Partner hinter ihn stellen (Partner steht in weiter Grätschstellung) und den Kopf über den Professor zur anderen Seite bewegen.
Beim letzten Wurf fliegt der Kopf allerdings zu hoch und verschwindet im Nichts (Der Kopf hält sich ganz schnell das schwarze Tuch vor das Gesicht.).
Kopf: „Jetzt hast du mich schon wieder verloren!"
Professor: „Wo bist du denn nun schon wieder? Hallo Kopf! Nun gib doch Antwort! Also so etwas! ….."
(Mit diesen Worten geht der Professor, seinen Kopf suchend, von der Bühne und nimmt den verdienten Applaus des Publikums mit.)

Uhren

Seit dem 13. Jahrhundert gibt es Uhren, die durch ein Räderwerk angetrieben werden. Den Antrieb dazu lieferte ein Gewicht oder eine Feder, die aufgezogen werden musste. Anfang des 16. Jahrhunderts baute der Nürnberger Mechaniker Peter Henlein die ersten tragbaren Uhren. Nur wenige Menschen besaßen damals eine solche Uhr. In unserer Zeit ist das alles ganz anders geworden. Fast jeder besitzt irgend eine tragbare Uhr und schon Kinder im Kindergartenalter lernen Zeitangaben auf einer Uhr zu lesen und zu verstehen.

Material:
schwarzer und weißer Fotokarton
Zirkel
Lineal, Bleistift, Schere
Filz- oder Buntstifte
Musterklammer

Kinder erleben Zeit hauptsächlich in der Gegenwart, das „Jetzt", der Augenblick ist wichtig für sie. Zeiten, die mit interessanten, freudigen Tätigkeiten ausgefüllt werden, sind für Kinder kurzweilig – zeitlos. Erst durch Wartezeiten, Langeweile oder emotionale Unausgeglichenheit wird ihnen eine Dauer bewusst: Die Zeit wird lang.

Zeitbegriffe des Klein- und Vorschulkindes hängen ganz von anschaulichen und räumlichen Gegebenheiten, also „erlebter Zeit" ab. Nur den Gesichtspunkt der messbaren Zeit wie Uhren oder Kalender dem Kind nahezubringen, wäre in diesem Alter zu abstrakt. Messbare Zeiten, wie zum Beispiel die Uhr, können dem Kind durch gewohnte Tätigkeiten und Abläufe verständlich gemacht werden. Die erlebte Zeit steht der messbaren Zeit gegenüber und auf diese Weise können Zeitmaße besser wahrgenommen und verstanden werden. Tätigkeitsbilder zu den verschiedenen Uhrzeiten angeordnet, helfen dem Kind, Zeiteinteilungen besser zu verstehen.

Spieluhr

Eine Spieluhr ist ohne viel Material- und Zeitaufwand herzustellen.

Herstellung der Uhr

1. Mit dem Zirkel zeichnest du einen Kreis mit ca. 25 cm Durchmesser auf weißen Karton auf. Diesen Kreis schneidest du aus. Lasse dir dabei von einem Erwachsenen helfen.

2. Teile die Scheibe mithilfe des Lineals nun in Felder ein. Markiere für das Zifferblatt zuerst die Stellen für die Ziffern 3, 6, 9 und 12.

3. Im gleichen Abstand markierst du nun die restlichen Zahlen. Mit Filzstiften schreibst du die entsprechenden Ziffern dazu. In die Mitte der Scheibe stichst du mit der Schere ein kleines Loch.

4. Schneide aus schwarzem Tonpapier zwei Zeiger für deine Uhr zu. Ein Zeiger wird dabei etwas länger als der andere. In die Enden stichst du mit der Schere ebenfalls ein kleines Loch.

5. Die Musterklammer wird zuerst durch den großen Zeiger, danach durch den kleinen Zeiger gesteckt. Jetzt befestigst du sie an der Uhr, indem du die Musterklammer durch das Loch in die Scheibe steckst und hinten umknickst. (Nicht zu fest andrücken, damit beide Zeiger sich gut drehen lassen!)

Herstellung der Tätigkeitsbilder

1. Schneide aus weißem Karton mehrere Rechtecke (ca. 8 x 4 cm) aus.

2. Auf diese Kärtchen zeichnest du verschiedene Situationen, die dir aus deinem Tagesablauf bekannt sind, wie z. B.: Waschen, Anziehen, Frühstück, Einkaufen, Mittagessen, Spielen, Abendessen und Schlafen.

3. Nun stellst du mit einem Erwachsenen zusammen die Zeiger auf die jeweilige Uhrzeit, benennst sie und ordnest sie dem passenden Bild zu.

Tipp:
Die Uhr kann auch aus einer runden Käseschachtel oder aus einem Pappteller hergestellt werden. Die Tätigkeitsbilder können aus alten Illustrierten, Zeitungen oder Katalogen gesammelt und auf Kartonkärtchen geklebt werden.

Elterntipp:
Die Verbindung von messbarer Zeit und passenden Tätigkeiten machen dem Kind das Verständnis für Zeiteinteilungen leichter. Hinweise auf Vormittag, Nachmittag, Abend und Nacht können gegeben werden. Die Einteilung in Sekunden, Minuten und Stunden wird ebenfalls durch entsprechend lange Tätigkeiten aufgezeigt. Mit den vollen Stunden wird dabei begonnen.

Variante
Besprechen Sie mit dem Kind den immer wiederkehrenden Tagesablauf und die verschiedenen Tätigkeiten zu bestimmten Zeiten. Jedes Kind hat eine Vorstellung und Erfahrungen zu den genauen Abläufen und soll zum Gespräch beitragen. Begriffe wie „morgens", „vormittags", „mittags", „nachmittags", „abends" und „nachts", werden dabei besonders herausgestellt und es wird besprochen, was zu der jeweiligen Tageszeit gemacht wird. Nun darf sich jedes Kind eine Tageszeit aussuchen und ein Bild dazu malen. Vorteilhaft wäre es, wenn viele Bilder zu den jeweiligen Tageszeiten entstehen (zum Beispiel: Schlafen, Essen, Spielen). Sind alle Bilder fertig, legen Sie sie am Boden aus und holen die Uhr dazu. Die Zeichnungen können nun vom Kind der jeweiligen Zeit zugeordnet und die Uhr kann dazu eingestellt werden.

Material:
Die innere Uhr
Seil, Wecker
Triangel oder Trommel
Teilnehmer:
Spielleiter
mindestens 2 Kinder

Konzentrationsspiele mit der Uhr

Durch die verschiedenen Spiele, bei denen Zeitabläufe eine Rolle spielen, wird den Kindern der Begriff „Zeit" nahe gebracht. Hier folgen einige Beispiele.

Die innere Uhr
Jeder von uns besitzt eine innere Uhr, die zwar nicht ganz genau „geht", die uns aber zum Beispiel durch Hungergefühle oder durch Müdigkeit zeigt, dass Zeit vergangen ist. Diese innere Uhr, das Gefühl für Zeitabläufe, kann bewusst geübt werden.

Legen Sie in einem Raum ein langes Seil zu einem großen Kreis aus. Im Freien kann eine bestimmte Strecke ausgewiesen werden. Die Kinder laufen genau eine Minute im Kreis an diesem Seil entlang. Das Zeichen zu Beginn und nach Ablauf dieser Minute gibt der Spielleiter mit der Triangel.

140

Lassen Sie die Kinder diese Übung einige Male mit verschiedenen Gangarten (z. B.: Zehenspitzengang, Storchengang, Watschelgang) wiederholen. Dann laufen die Kinder auf das Zeichen hin erneut los und bekommen die Aufgabe, ohne das gewohnte Signal nach einer Minute anzuhalten. Wer schätzt die Zeit am besten ein?

Pantomime

Besprechen Sie mit den Kindern den Tagesablauf und zeigen dazu Bewegungen und Gesten zu den jeweiligen Tätigkeiten:
Es ist Nacht, alle Kinder schlafen (Kinder liegen am Boden mit geschlossenen Augen).
Langsam wird es hell, die Menschen und Tiere wachen auf (Kinder recken und strecken sich).
Die Kinder gehen ins Bad, waschen sich, putzen ihre Zähne und ziehen sich an (entsprechende Bewegungen dazu).
Das Frühstück steht schon bereit, alle Kinder trinken aus ihrer Tasse Milch und essen Cornflakes (Trink- und Kaubewegungen dazu).

Nun ziehen sich die Kinder Jacken und Schuhe an, nehmen ihre Taschen für die Schule oder für den Kindergarten (entsprechende Bewegungen dazu).
Auf diese Art werden mit den Kindern pantomimische Bewegungen durch den Tag geübt. Je nach Alter und Wissensstand wird die Anzahl der Bewegungen zu den Tageszeiten ausgebaut. Jeder Ablauf wird vom Spielleiter, für alle Kinder hörbar, durch einen Schlag auf die Handtrommel angezeigt. Die Uhrzeit zu den Tätigkeiten wird passend dazu eingestellt. Klappt dies schon gut, kann ein Kind die Uhrzeit einstellen und die Mitspieler machen die entsprechenden Gesten und Bewegungen.

Uhrgeräusche

In der heutigen Zeit gibt es häufig digitale Uhren. Deshalb ist es für die Kinder nicht mehr selbstverständlich, die verschiedenen Uhrgeräusche, das gleichmäßige, typische Ticken der Uhren zu hören. Die Wahrnehmung durch das Ticken und Schlagen von mechanischen Uhren, die hörbare Einteilung von Zeit, gibt aber dem Kind eine Vorstellung davon, wie Zeit vergeht. Durch das genaue Hören von unterschiedlichen Uhrgeräuschen soll dem Kind der Begriff „Zeit" bewusst gemacht werden. Besorgen Sie sich dazu tickende Wecker, Armbanduhren, Wanduhren oder Taschenuhren. Interessant wäre ein Besuch eines Gebäudes

Material:
Pantomime
selbst gebaute Uhr mit beweglichen Zeigern, Triangel oder Handtrommel
Teilnehmer:
**Spielleiter
mindestens 2 Kinder**

Material:
Uhrgeräusche
verschiedene Uhren (Taschenuhr, Armbanduhr, Wecker etc.)

Variante
Jedes Kind sammelt aus Prospekten und Katalogen möglichst viele Abbildungen von verschiedenen Uhren und klebt sie zu einer Collage zusammen. Welche Geräusche erzeugen diese Uhren?

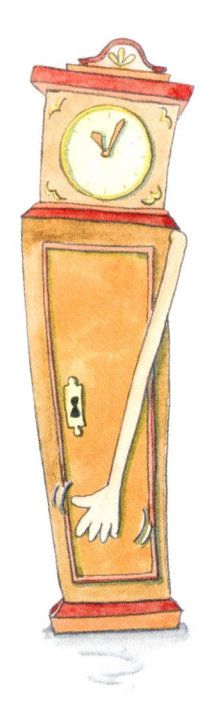

(Kirche, Rathaus) mit einer großen Uhr, deren Klang gehört werden kann. Vielleicht findet sich auch ein Uhrmacher in der Nähe, der die unterschiedlichen Uhren zeigen kann. Das tickende Geräusch eines Weckers kann besonders gut hörbar gemacht werden, indem man den Wecker auf einen umgedrehten Suppenteller aus Porzellan stellt. Dieser Resonanzraum lässt auch das Klingeln des Weckers lauter werden.

Nachdem die Kinder die unterschiedlichsten Uhrgeräusche wahrgenommen haben, können sie passende Bewegungen dazu erfinden:

Der Klang einer Turmuhr: BIM – BAM – BIM – BAM (der ganze Körper mit weit ausgebreiteten Armen schwingt hin und her)

Der Klang einer Standuhr: TICK – TACK – TICK – TACK (der ganze Arm wird im Takt hin und her bewegt)

Der Klang eines Weckers: TICKE – TACK – TICKE – TACK (der Unterarm wird im Takt hin und her bewegt)

Der Klang einer Armbanduhr: TICK – TICK – TICK – TICK (der Zeigefinger wird im Takt hin und her bewegt)

Der Klang einer Taschenuhr: Tickticktickticktick (die Hand wird im Takt bewegt)

Die Sonnenuhr

Vor vielen Jahren sahen die Uhren ganz anders aus als heute. Damals gab es noch keine Werkstätten, in denen Uhren von Technikern hergestellt oder repariert wurden. Es gab weder Fabriken zur Uhrenherstellung noch Uhrengeschäfte. Trotzdem hatten die Menschen gute Möglichkeiten, die Zeit abzumessen und damit auch ihren Tagesablauf einzuteilen. In China gab es schon 1000 Jahre vor Christus Feueruhren und in Ägypten wurde zum Beispiel die Zeit 2000 Jahre vor Christus an Wasser- und Sonnenuhren abgelesen.

Material:
Sonne
Blumentopf
flacher Stein
Sand oder Erde
ca. 30 cm langer
Stab
Kreide

Eine einfache Sonnenuhr im Freien kann sehr leicht hergestellt werden. Im Laufe des Tages verändert sich der Stand der Sonne. An der Richtung des Schattens von Gegenständen kann an einer Sonnenuhr die Zeit abgelesen werden.

1. Verdecke das Loch im Boden des Blumentopfes mit einem Stein und fülle ihn danach mit Sand oder Erde. In die Mitte der Sandfläche steckst du den Stab.

2. Suche dir nun im Freien einen geeigneten Platz für die Sonnenuhr (er sollte möglichst lange von der Sonne beschienen sein).

3. Nun heißt es Geduld zu haben: der Schatten, den der Stab an den Topfrand wirft, wird stündlich mit Kreide angezeichnet. Der Blumentopf muss dabei immer an der gleichen Stelle stehen bleiben, sonst stimmen die Markierungen nicht mehr. Am nächsten Sonnentag kann die Zeit am Schatten abgelesen werden – die Sonnenuhr ist fertig. Diese einfache Sonnenuhr funktioniert übrigens nur wenige Wochen im Jahr exakt. Da die Sonnenstrahlen nicht zu jeder Jahreszeit im gleichen Winkel auf die Erde treffen, müsste der Topfrand im Herbst neu beschriftet werden.

Verschiedene Uhren

Die Uhr regelt unseren Tag. Wer wissen möchte, wie spät es ist, schaut auf die Uhr. Verabredungen können so getroffen werden, zu einer bestimmten Uhrzeit treffen sich die Kinder zum Beispiel zum Spielen. Damit kein Kind schon morgens um 4 Uhr im Kindergarten ankommt – sonst wäre es ja auch alleine dort – gibt es zu Hause meist einen Wecker.

Es gibt viele verschiedene Uhren, mit denen die Zeit abgelesen werden kann: Armbanduhren, Damenuhren, Standuhren, Duftuhren, Parkuhren, Herrenuhren, Stoppuhren, Feueruhren.
Fallen euch noch andere Uhren ein?
 (Kinderuhren, Taschenuhren, Radiouhren, Turmuhren, Taucheruhren, Spieluhren, Sanduhren, Wasseruhren, Küchenuhren, Kuckucksuhren, Weckuhren, Kaminuhren, Digitaluhren, Rathausuhren, Bahnhofsuhren).

Zeichnen mit dem „U"

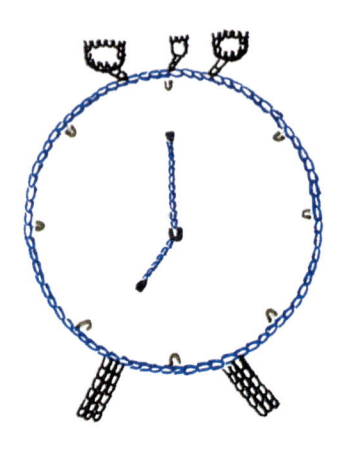

Wenn man Buchstaben als zeichnerische Bildelemente benutzt, ergeben sich durch die Art ihrer Anordnung und Zusammenstellung viele Ausdrucksmöglichkeiten. Geben Sie den Kindern einen Buchstaben vor und lassen Sie sie mit diesem ein Bild zeichnen. Natürlich werden eigene Ideen berücksichtigt, Kinder haben oft erstaunliche Einfälle. Selbst Kindern, denen das Schreiben oft Mühe bereitet, haben am Herstellen von Schriftbildern viel Freude. Die Buchstaben prägen sich durch diese Übungen ein und auf spielerische Weise wird auch die Bewegungsmotorik geschult.

Was ist das?

Wie heißt das Ding
hier an der Wand,
es schlägt
und hat doch keine Hand.
Es macht ticktack in einer Tour,
kennst du sie, es ist die…

Sie hat wohl Räder,
doch fährt sie nicht fort.
Sie kann gehen,
doch steht sie am Ort.
Sie kann Auskunft geben,
obwohl sie nicht spricht.
Sie hat keine Hände, trotzdem kann
sie schlagen.
Manche kannst du auch in der
Tasche tragen.
Was ist das?

Das Ding geht in einem fort
und kommt doch keinen Schritt vom
Ort.

Was läuft auch ohne Füße?

Tipp:
Diese Bilder können mit verschiedenen Stiften gestaltet werden, neben Faser- und Buntstiften eignen sich für kleinere Kinder Wachsmalkreiden und große Formate.

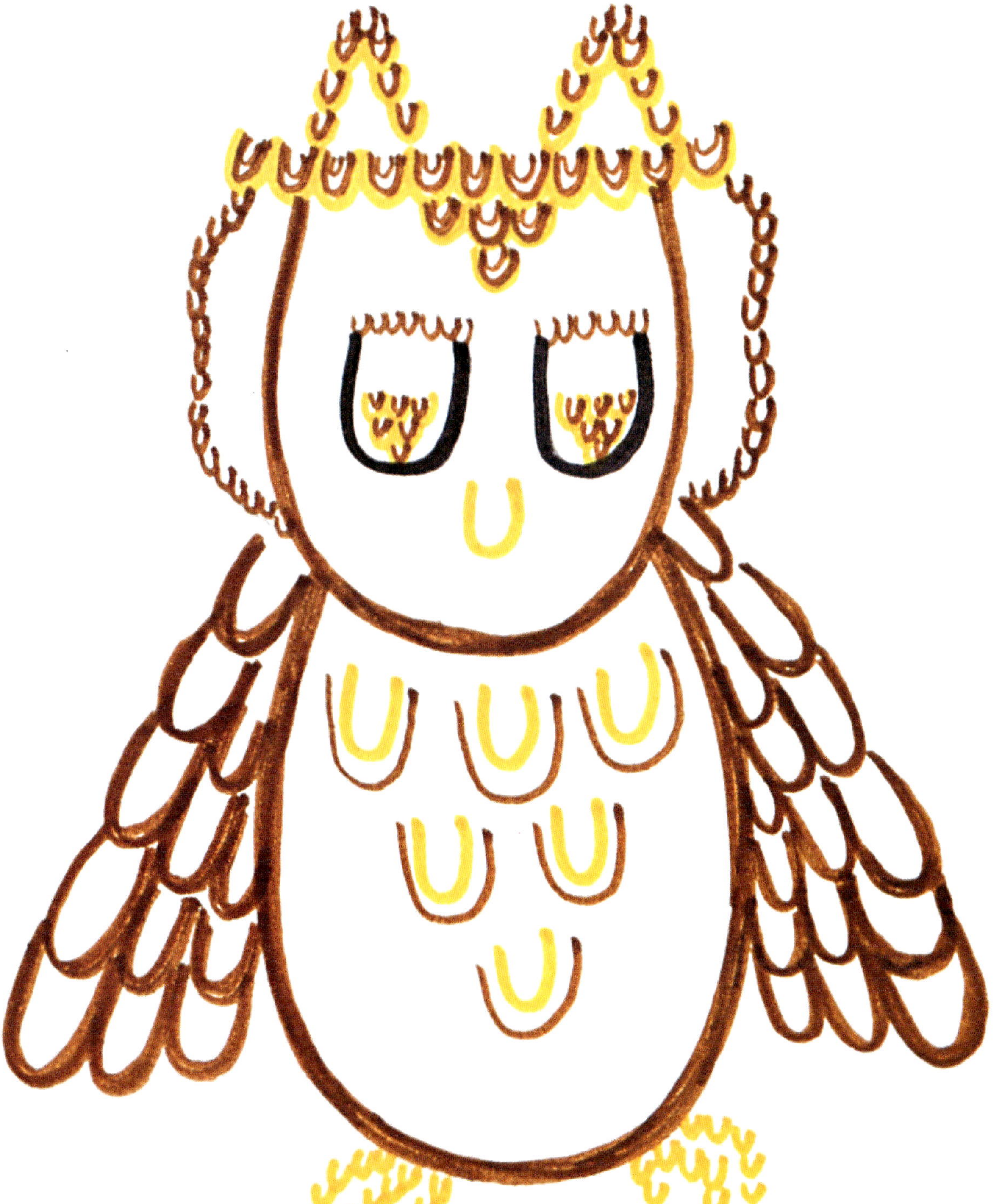

Vögel

Vögel tragen ein Federkleid, das sie vor Kälte und Nässe schützt. Ihre Flügel sind Antrieb und Tragfläche zugleich. Zusammen mit den Schwanzfedern benutzen sie die Flügel auch zum Steuern. Vögel legen ihre Eier meist in selbst gebaute Nester und brüten diese aus. Wenn die Jungen geschlüpft sind, werden sie von den Vogeleltern solange mit Nahrung versorgt, bis sie flügge geworden sind und sich selbst auf Nahrungssuche begeben können. Die meisten Vogelarten sind gute Flieger. Nur sehr wenige können schlecht oder gar nicht fliegen und leben auf dem Boden, wie zum Beispiel der Strauß oder der Pinguin.

Material:
gelbe und rote Wollreste
Nadelspiel in entsprechender Stärke
Füllwatte
Nadel
zwei kleine schwarze Knöpfe
rote Filzreste
Federn

Elterntipp:
Alle Kleinteile müssen fest angenäht sein, damit auch Kleinkinder gefahrlos damit spielen können.

Gestrickte Fingerpuppen

Märchen und Erzählungen ziehen Kinder immer wieder in ihren Bann. Sie erleben in diesem Moment die Geschichten mit und verfolgen gespannt den weiteren Verlauf. Geschichten, die zum Beispiel mit Fingerpuppen erzählt und gespielt werden, sind bei den jüngeren Kindern besonders beliebt.

Für unser Fingerspiel „Ziep und Piep" auf Seite 147 brauchst du natürlich die passenden Puppen. Aus Wollresten gestrickt und mit Knöpfen, Filz und Federn ausgestaltet wirken sie sehr ansprechend.

1. Nimm mit dem Nadelspiel 16 Maschen auf, jeweils 4 Maschen verteilt auf jede Nadel.

2. Mit rechten Maschen strickst du einen ca. 6 cm langen Schlauch. Lasse dir dabei von einem Erwachsenen helfen.

3. Jetzt strickst du in jeder Reihe zwei Maschen zusammen, die restlichen beiden Maschen werden abgekettet. Durch die letzte Masche ziehst du den Wollfaden und vernähst ihn innen.

4. Nachdem der Kopf mit Füllwatte ausgestopft ist, ziehst du ihn mit ein paar Nadelstichen fest zusammen.

5. Aus Filzresten schneidest du den Schnabel zu und nähst ihn an passender Stelle an.

6. Zum Schluss nähst du noch zwei kleine Perlen als Augen und eine Feder am Hals mit ein paar Stichen fest – fertig ist der erste Piepmatz.

Ziep und Piep

Kleine Zankereien sind bei Kindern, selbst wenn sie die dicksten Freunde sind, nichts Ungewöhnliches. Auch die beiden Vogeljungen Ziep und Piep sind da keine Ausnahme. Am Schluss löst sich ihr kleines Streitgespräch aber in Wohlgefallen auf, wie das bei Kindern auch der Fall ist.

*Ziep und Piep flogen auf einen Ast
und machten dort erst einmal Rast.
Ziep der kleine Piepmatz dort,
ergriff sodann das erste Wort.
„Piep, ich denke immerzu,
dass ich schneller lauf als du."
„Ziep, ich glaub, ich muss dir sagen,
du solltest nie ein Rennen wagen.
Ich bin so schnell wie ein Wirbelwind,
das kann dir hier sagen jedes Kind."
Sodann laufen beide mit viel Hast,
von einem zu dem anderen Ast.
Mal führt der Ziep und lacht ganz laut,
dann hat der Piep seine Führung ausgebaut.
Doch am Ende, welch ein Glück,
kommen beide zur gleichen Zeit zurück.
Der Ziep sagt: „Piep, ich gratuliere dir,
du warst ein kleines Stück vor mir."
Da antwortet Piep: „Aber mein Ziepchen
nein, der Sieg gehört dir ganz allein!"
Und beide kommen dann lachend zum
Schluss, für Glück und Freude
man nicht immer Siegen muss.*

Regieanweisungen

Nimm die beiden Fingerpuppen auf den Zeige- und Mittelfinger der rechten Hand. Den linken Unterarm hältst du vor dem Körper in Brusthöhe. Er dient als „Ast", auf dem die zwei Vögel sitzen. Bewege die Fingerpuppen bei ihrem Wettrennen auf dem Unterarm zwischen Ellbogen und Handgelenk hin und her, wobei jedes Vögelchen einmal in Führung liegt. Am Ende des Rennens laufen beide Fingerpuppen gemeinsam nebeneinander durch das Ziel (zum Beispiel bis zur Armbeuge).

Diebische Elster

Die diebische Elster hat Kindern aus ihrem Setzkasten viele Buchstaben gestohlen und in einem Baum versteckt. Suche alle „V"!

Zugvögel

Im Herbst sammeln sich die Zugvögel, um ihre lange Reise nach Afrika zu beginnen, wo sie überwintern. Erst im Frühjahr kommen die Vögel in ihre Heimat zurück. Dann werden die Nistplätze gesäubert und neu hergerichtet. Die Weibchen legen Eier, brüten sie aus und nach etwa zwei Wochen schlüpfen daraus ihre Jungen. Ende Mai sind dann die kleinen Vögel flügge und lernen das Fliegen. Die Vogeleltern müssen in dieser Zeit viel arbeiten und Futter für die Jungen heranschaffen.
Auf dem Bild siehst du verschiedene Vögel. Welche Vögel sehen genau gleich aus?

Wir fliegen in den Süden

An Drucktechniken finden meist alle Kinder großen Gefallen. Besonders der Hand- oder Fingerdruck ist schon bei den Kleinsten sehr beliebt. Um unliebsames Chaos zu vermeiden, sollten die nötigen Vorbereitungen getroffen werden wie Malerkittel anziehen, Tische und Böden abdecken, Waschgelegenheiten und Lappen vorbereiten. Bei jüngeren Kindern empfiehlt sich anfangs der Handabdruck mit wasserlöslichen Farben, zum Beispiel Fingerfarben. Ideal wäre es, bei guter Witterung draußen zu arbeiten. Später können gezielte Abdrücke gesetzt werden. Bei allen Techniken wird die Grob- und Feinmotorik geschult. Die Freude am kreativen Umgang mit Farbe kommt dabei auch nicht zu kurz.

Bevor die Vögel im Herbst in den Süden ziehen, sammeln sie sich. Oft sieht man dann ganze Scharen auf Telefondrähten oder Stromleitungen sitzen.

Mit dieser Drucktechnik lassen sich Vögel sehr gut darstellen. So gestaltete Bilder für das Kinderzimmer oder für Gruß- und Einladungskarten wirken sehr dekorativ und sind einfach herzustellen.

Material:
Zeitungspapier als Unterlage
Malerkittel
schwarzer Filzstift
weißes, festes Zeichenpapier
Lineal
bunte Fingerfarben
Lappen

1. Zeichne zunächst mit Lineal und schwarzem Filzstift feine Linien für die Stromleitungen auf das Zeichenpapier.

2. Darauf setzt du deine Fingerabdrücke in verschiedenen Farben. Die Fingerkuppen sollten bei jedem Farbwechsel gründlich gereinigt werden.

3. Nachdem die Abdrücke getrocknet sind, gestaltest du die Vögel weiter aus. Zeichne Augen, Schnäbel, Flügel und Schwanzfedern mit Filzstift dazu.

Vogeldame Violetta

Material:
**Tapetenkleister
alte Schüssel
zwei Luftballons
Zeitungspapier
Papierklebeband
Kartonreste
Holzbrett
Bohrer
zwei Rundstäbe
(ca. 40 cm lang)
Holzleim
Bleistift
Messer
Pinsel und
Plakafarben
Klarlack
Federn
Filzreste
Klebstoff**

Elterntipp:
Pappmaschee ist ein idealer Werkstoff für Kinder, denn die tollsten Ideen lassen sich damit gefahrlos umsetzen. Das billige Material ist leicht zu beschaffen und die Figuren sind nach dem Austrocknen sehr stabil.

Dieser Fantasievogel ist aus Pappmaschee gestaltet und kann gut im Kinderzimmer gehalten werden. Er fliegt nicht davon und ist auch einfach zu versorgen. Wenn ab und zu mit ihm gespielt wird, ist er vollkommen zufrieden.

1. Rühre zuerst den Tapetenkleister in einer alten Schüssel nach Packungsangabe an und lasse ihn aufquellen. Lasse dir dabei von einem Erwachsenen helfen.

2. Beide Luftballone werden nun aufgeblasen und verknotet. Dabei muss der Ballon für den Körper größer aufgeblasen werden. Der Kopf wird entsprechend kleiner.

3. Reiße das Zeitungspapier in Streifen, weiche es in Kleister ein und klebe sie zuerst um den größeren Luftballon. Umwickle den Ballon in mindestens zwei Schichten. Je mehr Schichten aufgetragen werden, umso stabiler ist die Form später.

4. Trage nun mehrere Schichten auf den kleineren Luftballon, den Kopf des Vogels, auf. Beide Teile müssen jetzt einige Zeit antrocknen.

5. Nach der Trockenzeit sind die Formen stabiler und können mit Papierklebeband verbunden werden. In die Hohlräume des Halses stopfst du jetzt geknülltes Papier und hältst es mit Papierklebeband zusammen.

6. Mit kleistergetränkten Zeitungspapierstreifen umwickelst du den ganzen Körper nochmals mit mindestens einer Schicht.

7. Aus Kartonresten wird ein Dreieck für den Schnabel ausgeschnitten und in der Mitte geknickt. Mit Papierklebeband befestigst du ihn am Kopf. Die Flügel werden in gleicher Weise zugeschnitten und angebracht. Mit eingekleistertem Papier beschichtest du die Teile. Je kleiner du die Papierfetzen reißt, desto glatter wird die Oberfläche. Bevor du weiterarbeitest, muss die Form vollständig ausgetrocknet sein.

8. In der Zwischenzeit bohrst du in ein Holzbrett für die Rundstäbe entsprechend große Löcher. Diese Stäbe dienen als Beine für den Vogel und werden in das Holzbrett gesteckt und festgeleimt.

9. Halte das trockene Grundgerüst an die Holzstäbe und zeichne dir die passenden Punkte an. Mit einem Messer bohrst du vorsichtig zwei Löcher in die Pappmascheeform und steckst das Grundgerüst darauf. Lasse dir dabei von einem Erwachsenen helfen.

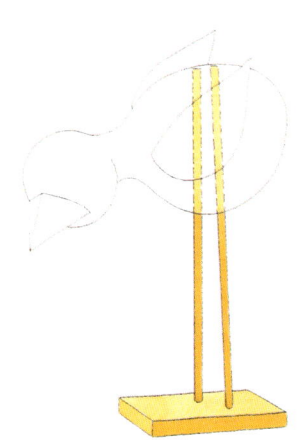

10. Nun kannst du die Vogeldame mit weißer Plakafarbe grundieren. Die Holzbeine werden bunt bemalt.

11. Wenn die Grundierung vollkommen trocken ist, malst du den Vogel mit Plakafarbe bunt an. Damit die Farbe deckt, sollte sie nicht mit zu viel Wasser verdünnt werden.

12. Nach dem Trocknen der Farbe besprühst du alle Teile mit Klarlack. Lasse dir auch dabei von einem Erwachsenen helfen.

13. Die Augen werden aus Filzresten zugeschnitten und aufgeklebt. Zum Schluss kannst du deine Vogeldame noch mit bunten Federn dekorieren.

Tipp:
Aus Pappmaschee lassen sich auch sehr gut Buchstaben formen. Diese Buchstaben, mit Mustern verziert und auf ein dünnes Holzbrett geklebt oder an das Fenster gehängt, wirken sehr dekorativ. Auf diese Weise können Namen, Glückwünsche oder auch Zahlen gestaltet werden.

Weihnachten

Weihnachten ist für die meisten Kinder eines der schönsten Ereignisse des Jahres. Voller Vorfreude wird gebastelt, gebacken und die Zimmer dekoriert. Lange, gemütliche Abende können für gemeinsame Spiele und Gespräche genutzt werden. Die Kinder genießen es, wenn sich die Erwachsenen, trotz des oft vorweihnachtlichen Trubels, Zeit für eine freudige und friedliche Weihnachtszeit mit ihnen nehmen. Bei Kerzenschein und frischen Plätzchen Geschichten zu lauschen, zu erzählen, zu spielen, zu backen oder zu basteln, ist bei allen Kindern sehr beliebt.

Bescherung

Unter dem Weihnachtsbaum liegen die Päckchen schon bereit und die Kinder können die Bescherung kaum erwarten. Die Geschenke sind alle mit je einem Namensschild versehen. Findest du alle Namen, die mit „W" beginnen?

Weihnachtskarten

Freunde und Verwandte freuen sich immer über persönlich gestaltete Weihnachtskarten. Dabei bieten Schriftbilder eine große Fülle von Gestaltungsmöglichkeiten. Die folgenden Beispiele sollen zu eigenen Ideen anregen.

Das ausgewählte Motiv wird mit Bleistift vorgezeichnet und danach mit dem passenden Wort „gefüllt". Eine andere Möglichkeit besteht darin, mit Schrift ohne Vorgabe ein Bild zu gestalten. Neben Faser- und Buntstiften eignen sich auch Füller oder Federn und Tusche. Für großflächige Formate bieten sich Wachsmalkreiden oder Pinsel und Wasserfarben an.

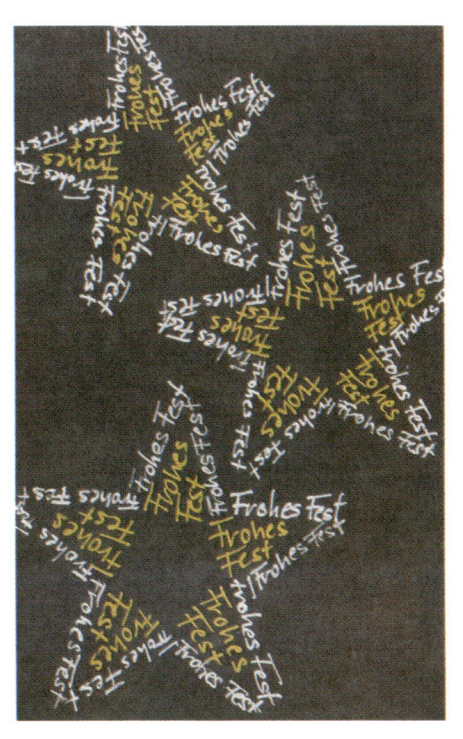

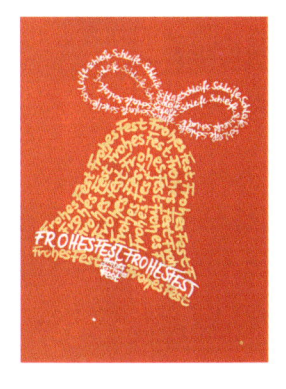

Fensterschmuck

Schneekristalle am Fenster zaubern eine stimmungsvolle, winterliche Atmosphäre und wirken sehr dekorativ. Diese Technik ist einfach und solch schöne Bilder lassen sich ohne viel Zeitaufwand gestalten. Es eignen sich viele weihnachtliche Motive für diese Technik: z. B. Engel, Nikoläuse, Sterne, Glocken oder Kerzen.

Material:
Glasplatten (Hobbyfachhandel) oder Glasplatten von alten Bilderrahmen
buntes Isolierband oder Folien
Locher
Bleistift, Papier
Klebstoff in der Tube
Bänder

Tipp:
Auch Namensschilder in dieser Technik wirken am Fenster sehr schön.

1. Zuerst entwirfst du dein Motiv mit Bleistift auf Papier, passend zur Größe der Glasplatte oder Folie. Lasse dir dabei von einem Erwachsenen helfen. Lege die Vorlage nun unter die Glasplatte.

2. Ziehe jetzt auf dem Glas die Linien mit Klebstoff nach. Arbeite dabei mit leichtem Druck auf die Tube, damit nicht zu viel Klebstoff herausläuft.

3. Nun muss das Klebstoffbild ganz austrocknen, bevor du weiterarbeiten kannst.

4. Für die Aufhängung gibt es verschiedene Möglichkeiten, je nachdem, welches Material du verwendest. In Folien stanzt du mit dem Locher die Löcher ein, durch die du dann ein Band ziehst. Bei vorgefertigten, gekauften Glasplatten sind die Löcher meist fertig ausgeschnitten. Benutzt du Gläser aus alten Bilderrahmen, klebst du das Band zum Aufhängen mit dem Isolierband rund um das Glas fest und lässt es an den oberen Kanten überstehen. Fertig ist das Fensterbild!

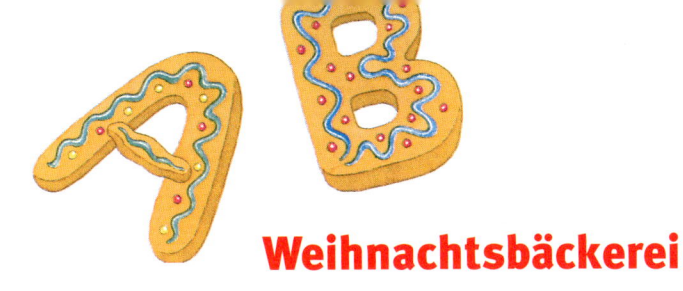

Weihnachtsbäckerei

In der Adventszeit werden an vielen Orten kleine Männchen aus Hefeteig oder Knusperhäuschen gebacken. Das plastische Gestalten – auch mit Teig – macht den Kindern sehr viel Freude. Aus dem Teig können originelle Figuren oder Buchstaben geformt werden. Schön verziert entstehen dabei nette Geschenke. Auch als Tischschmuck (jeder bekommt zum Beispiel den Anfangsbuchstaben seines Namens auf den Teller) wirken die leckeren Teile sehr dekorativ.

Material:
Für ca. 12 Buchstaben (10 cm groß):
500 g Mehl
30 g Hefe
½ Liter lauwarme Milch
50 g Zucker
1 Ei
1 Prise Salz
1 Eigelb
etwas Butter für das Backblech
zum Dekorieren:
1 Eiweiß,
40 g Puderzucker,
Lebensmittelfarbe,
Zuckerperlen

1. Gib das Mehl in eine Schüssel und drücke in die Mitte eine Vertiefung.

2. In diese Vertiefung gibst du die zerbröckelte Hefe und verrührst sie mit etwas Zucker und Milch zu einem Vorteig.

3. Zugedeckt lässt du diesen Vorteig aufgehen. Lege ein Tuch über den Teig und warte ca. 10 Minuten.

4. Nun gibst du den restlichen Zucker, das Ei, die Milch und das Salz dazu. Knete und schlage den Teig und lasse ihn weitere 15 Minuten gehen.

5. Aus dem Teig formst du nun Männchen oder Buchstaben. Die fertigen Formen und Figuren werden mit Eigelb bestrichen und auf ein eingefettetes Blech gelegt. Während die Hefefiguren nochmals einige Minuten gehen, lässt du einen Erwachsenen den Backofen auf 220° vorheizen.

6. Auf mittlerer Schiene werden die Hefeteile ca. 15–20 Minuten gebacken, je nach Stärke des Teiges. Die abgekühlten Männchen oder Buchstaben können nun dekoriert werden. Dazu wird das Eiweiß mit dem Puderzucker verrührt und nach Belieben mit Lebensmittelfarbe eingefärbt und aufgestrichen. Mithilfe dieser Glasur können auch die Zuckerperlen nach eigenem Geschmack angeklebt werden. Gutes Gelingen!

Weihnachtskalender

Material:
**ein Karton bemalt oder mit Geschenkpapier dekoriert
Kerze**

Dieser Weihnachtskalender unterscheidet sich von den üblichen Kalendern. Es wird nicht täglich ein Türchen geöffnet oder ein Schokoladenstück gegessen. Trotzdem trägt er viel zur Weihnachtsvorfreude bei. Der Kalender gehört allen und lädt zu geselligem, ruhigen Beisammensein in der Adventszeit ein. Dieser Kalender ist ein „Erzähl-Kalender", der zum Sprechen und zur gemeinsamen Unterhaltung anregt. Dieser Zeitvertreib ist besonders in der hektischen Vorweihnachtszeit wichtig. Das gemütliche Beisammensein, das Zuhören können, die Besinnlichkeit und die Ruhe werden alle Beteiligten sicher genießen.

1. Jeder Beteiligte sucht sich Dinge, die im Zusammenhang mit Weihnachten stehen und legt sie in den Karton. Je nach Anzahl der Beteiligten werden gleich viel Sachen ausgesucht, bis 24 Gegenstände beisammen sind!

2. Jeden Tag um dieselbe Zeit treffen sich alle und zünden eine Kerze an.

3. Ein Gegenstand wird herausgezogen und derjenige, der sich das Stück herausgesucht hat, erzählt eine Geschichte dazu. Diese Geschichte kann ausgedacht oder erlebt sein. Jeden Tag ist ein anderer „Erzähler" an der Reihe, bis wieder von vorne angefangen wird.

Spiele zur Weihnachtszeit

An langen Winterabenden, wenn es draußen schneit und kalt ist, gibt es nichts Schöneres, als gemütlich in der warmen Stube zu sitzen und gemeinsam zu spielen. Die folgenden Spiele können ohne viel Vorbereitungszeit und Aufwand umgesetzt werden.

Gedächtnisspiel

1. Die verschiedenen Gegenstände werden auf den Tisch gelegt. Alle Mitspieler prägen sich nun die einzelnen Teile ein.

2. Nach etwa einer Minute wird mit dem Tuch alles abgedeckt.

3. Nun bekommt jeder Mitspieler 5 Minuten Zeit, alle Dinge, die er sich merken konnte, auf ein Blatt Papier zu zeichnen.

4. Gewonnen hat der Spieler, der sich an die meisten Gegenstände erinnern konnte.

Sterne, Engel, Tannenbaum

1. Jeder Mitspieler zeichnet auf ein Stück Papier jeweils ein Weihnachtsmotiv wie zum Beispiel Sterne, Engel, Nikolaus, Christbaum, Kerzen, Nikolausschuh, Weihnachtsplätzchen, Weihnachtsgeschenk, Krippe, Nüsse, Tannenzapfen, Christbaumschmuck, Glocken oder Mandeln.

2. Alle Papiere werden in der Pappschachtel gesammelt. Nacheinander zieht nun jeder Mitspieler ein Motiv mit geschlossenen Augen aus der Schachtel.

3. Passend zu der Zeichnung dürfen sich alle Mitspieler eine kleine Geschichte oder ein Gedicht ausdenken und den anderen erzählen.

Material:
Gedächtnisspiel
Nüsse, Nussknacker, Strohsterne, Kerze, Tannenzweig, Orange, Engel, Christbaumkugel, Plätzchen, Geschenkband etc.
Tuch
Papier und Stifte
Teilnehmer:
mindestens 2 Kinder

Material:
Sterne, Engel, Tannenbaum
Pappschachtel
Papierreste
Stifte
Teilnehmer:
mindestens 2 Kinder

Xselsia

Planeten sind Himmelskörper, die keine eigene Leuchtkraft besitzen und die Sonne umkreisen. Zu diesen Planeten zählen neben unserer Erde noch acht weitere Himmelskörper: Merkur, Venus, Mars, Jupiter, Saturn, Uranus, Neptun und Pluto sind ihre Namen. Da diese Planeten viele tausend Kilometer von uns entfernt liegen, wissen die meisten Menschen nicht allzu viel von ihnen. Es ist auch bisher noch kein Planet entdeckt worden, auf dem Lebewesen wie auf der Erde zu finden sind. Aber wer weiß, vielleicht entdecken die Menschen einmal einen Planeten wie Xselsia, dessen friedliche Bewohner sich ihre Zeit mit lustigen Spielen und Rätseln vertreiben?

Material:
Papier und Bleistift
Teilnehmer:
mindestens 2 Kinder

Variante

Jeder Mitspieler nennt in der jeweiligen Spielrunde einen Buchstaben. Bei nur zwei, drei oder vier Spielern können es auch mehrere Buchstaben sein. Nach Ablauf der vorgegebenen Zeit stellt jeder seinen entschlüsselten Satz den anderen vor. Der beste oder originellste Satz wird dann vom Spielleiter und allen Mitspielern gewählt.

Die Buchstabenrakete

Die Bewohner von Xselsia können sich wegen der großen Entfernungen auf ihrem Planeten nicht ständig besuchen. Deswegen haben sie eine Methode erdacht, um sich Neuigkeiten schnell mitteilen zu können. Sie schießen eine Rakete in den Himmel, die für alle Bewohner gut sichtbar an ihrem höchsten Punkt Buchstaben ausspuckt. Damit aber keine Fremden diese Informationen lesen können, verschlüsseln sie ihre Botschaften.

Alle Mitspieler sitzen, ausgerüstet mit Papier und Bleistift um einen Tisch herum. Der Spielleiter erzählt von den Außerirdischen des Planeten Xselsia, die im Weltall herumfliegen und sich verschlüsselte Botschaften zuschicken.
Ab und zu gelangt auch eine solche Nachricht auf die Erde. Es können aber nur die Anfangsbuchstaben der Worte aufgeschnappt werden. Die letzte verschlüsselte Nachricht lautete:

A, E, S, D, W, W, A.

Jeder Mitspieler soll nun innerhalb von zwei Minuten aus diesen Anfangsbuchstaben eine sinnvolle Botschaft zusammenstellen. Wer zuerst die Nachricht „entschlüsselt" hat, ruft „Halt!" und liest anschließend seine Nachricht vor.
Agnes hat zum Beispiel folgenden Satz gefunden: **A**uf **D**er **E**rde **S**ind **W**ir **A**ußerirdischen **W**illkommen. Agnes bekommt dafür in dieser Spielrunde einen Punkt. Wer kann die meisten Nachrichten entschlüsseln?

Der Flug zum Planeten Xselsia

Mit einem Raumschiff durch das Weltall zu fliegen und von einem Planeten zum nächsten zu reisen, kann sehr aufregend und auch gefährlich sein. Der Flug zum Planeten Xselsia gehört mit zu den gefährlichsten Reisen, die Weltraumfahrer zu bestehen haben. Die Milchstraße, in der dieser Planet liegt, ist übersät von Meteoriten. Diese fliegen kreuz und quer im Weltraum umher und zwingen somit jedes Raumschiff, im Zickzackkurs diese Milchstraße zu befahren. Wehe dem Raumschiff, das einem solchen Meteoriten nicht rechtzeitig ausweichen kann!

Material:
Blatt Papier
Bleistift
Teilnehmer:
mindestens 4 Kinder

Bei diesem Zeichenspiel bilden immer zwei Partner ein Weltraumteam. Partner 1 hält mit verbundenen Augen einen Bleistift in der Hand. Der andere dirigiert mit Zuruf seinen „blinden" Partner. Der Spielleiter legt dem ersten Astronautenteam ein großes Blatt Papier vor, auf dem er diese neue Milchstraße des Weltraums aufgezeichnet hat.
In dieser Milchstraße gibt es sehr viele Meteoriten, denen das jeweilige Astronautenpaar bei ihrem Flug zum Planeten Xselsia ausweichen muss. Auf ein Startkommando hin dirigiert der sehende Partner durch Zurufe seinen „blinden" Partner bis ins Ziel. Kommt es trotzdem zu einem Zusammenstoß mit einem Meteoriten (der Partner zeichnet durch einen Meteoriten) oder verlässt der Astronaut die Milchstraße, gibt es dafür einen Zeitzuschlag von jeweils 5 Sekunden. Welches Astronautenteam fliegt am schnellsten zum Planeten Xselsia?

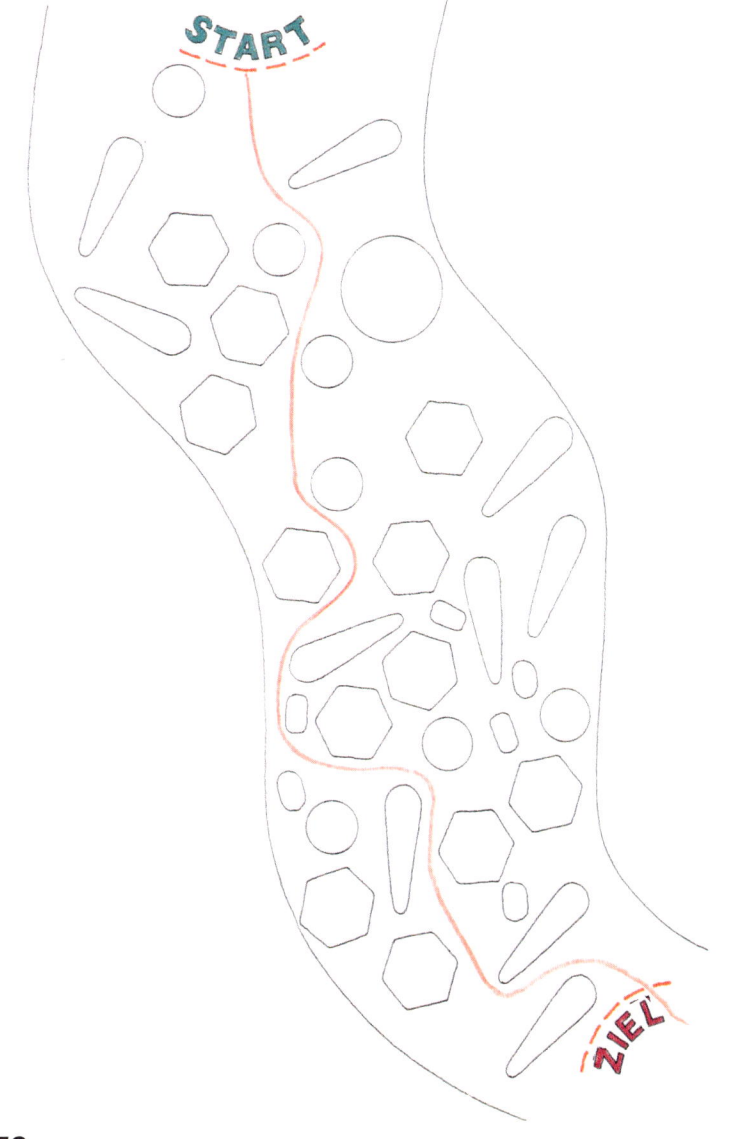

Märchensalat

Material:
Papier
Bleistifte
Teilnehmer:
Spielleiter
ab 2 Kinder

> Alle Kinder auf Xselsia kennen Märchen und lieben sie. Nicht oft genug können ihre Eltern sie ihnen erzählen. Wird dabei einmal ein Märchen nicht in der richtigen Reihenfolge erzählt oder gar Geschichten verwechselt, gibt es auf Xselsia, wie auch auf der Erde, laute Proteste von den Kindern.

Bei diesem Spiel suchen die Kinder selbst mit Vergnügen die richtige Reihenfolge und die zusammengehörenden Teile eines Märchens aus. Es bedarf aber zunächst einer etwas umfangreicheren Vorbereitung durch den Spielleiter, da aus verschiedenen bekannten Märchen charakteristische Personen, Tiere, Dinge oder Zitate herausgesucht werden müssen. Jedes Teil wird dann einzeln auf Kärtchen oder Zettel geschrieben. Der Spielleiter mischt die Kärtchen und legt sie einem Spieler oder einer Mannschaft vor. Die Aufgabe besteht nun darin, in einer vorgegebenen Zeit möglichst alle zusammengehörenden Kärtchen zu finden und das Märchen zu benennen (zum Beispiel aus Dornröschen: Dornige Rosen / „Die Königstochter soll sich in ihrem fünfzehnten Jahr an einer Spindel stechen und tot hinfallen!" / Da ging er weiter und sah im Saale den ganzen Hofstaat liegen und schlafen…). Der Spielleiter sollte dabei den Schwierigkeitsgrad dieses Märchensalates dem Alter der teilnehmenden Kinder anpassen. Welcher Spieler oder welche Spielgruppe kann die jeweiligen Kärtchen einander in der richtigen Reihenfolge zuordnen oder in der vorgegebenen Zeit die meisten Märchen bestimmen?

Märchen-Ratespiel

Besonders vor dem Schlafengehen erzählen auch die Bewohner von Xselsia ihren Kindern gerne noch eine Geschichte. Beim genaueren Hinhören kann man feststellen, dass die Geschichten auf dem Planeten Xselsia denen auf der Erde sehr ähnlich sind. Mit welchen irdischen Märchen stimmen die auf Xselsia erzählten Geschichten überein?

Teilnehmer:
Spielleiter
ab 2 Kinder

Bekannte Märchennamen werden vom Spielleiter verfälscht. Die richtigen Märchennamen sollen von den Spielgruppen dann genannt werden. Diejenige Mannschaft, die zuerst den richtigen Titel des Märchens nennt, bekommt 5 Punkte. Für jede Hilfestellung des Spielleiters (Annäherung an den richtigen Namen bei Rotkäppchen und der Wolf): Blaumützchen und der Fuchs - Blaukäppchen und der Fuchs - Rotkäppchen und der Fuchs) wird dem richtig antwortenden Team ein Punkt weniger angerechnet. Nennt die Mannschaft einen falschen Namen, werden zwei Punkte abgezogen.

Beispiele zum Märchen-Ratespiel:
– Der Fuchs und die sieben Rehe (Der Wolf und die sieben Geißlein)
– Blaumützchen und der Fuchs (Rotkäppchen und der Wolf)
– Stachliges Veilchen (Dornröschen)
– Peter im Pech (Hans im Glück)
– Die Hamburger Musiker (Die Bremer Stadtmusikanten)
– Hans und Annegret (Hänsel und Gretel)
– Der ängstliche Schuster (Das tapfere Schneiderlein)
– Das Regenlieschen und die sieben Riesen (Schneewittchen und die sieben Zwerge)
– Welche Mannschaft erreicht zuerst 30 Punkte?

Variante

Der Spielleiter liest einen, für ein bestimmtes Märchen charakteristischen Satz vor (zum Beispiel: Der Müller sagte „Bricklebrit" aus: „Tischlein deck dich"). Die Gruppe, die zuerst dieses Märchen erkennt, bekommt 5 Punkte. Wird das Märchen nicht erkannt, liest der Spielleiter einfach einen zweiten und dritten Satz aus diesem Märchen vor. Für jede Hilfestellung, die er geben muss, erhält die Mannschaft allerdings wieder einen Punkt weniger für die richtige Antwort. Welche Mannschaft erreicht zuerst 30 Punkte?

Die Weltraumraupe Majo

Material:
Eierkarton
Wattekugel (Ø 6 cm)
grüne Wasserfarbe
Tonpapierreste
bunte Pfeifenputzer
Schere, Klebstoff

Die kleine Raupe Majo lebt ausschließlich auf dem Planeten Xselsia, denn nur dort gibt es die feinen und saftigen Blätter und Früchte, von denen sie sich ernähren kann. Sie ist der Schrecken aller Blätter, denn sie ist ständig in den Wäldern Xselsias unterwegs, um Futter zu suchen. Es gibt dort so viele gutschmeckende Blätter, dass sie immer genügend Nahrung hat. Manchmal lädt sie auch ihre Freunde ein, wenn sie einen besonders guten Futterplatz gefunden hat, an dem auch viele leckere Früchte hängen. Dann hört man sie alle stundenlang schmatzen und kichern, bis sie sich müde und satt auf einem Ast zum Schlafen niederlegen.

Tipp:
Die Raupe kann mit verschiedenen Materialien ausgestaltet werden. So eignen sich zum Beispiel Strohhalme als Füße oder Kronkorken für die Augen. Viele Dinge, die im Haushalt zu finden sind, können dazu benutzt werden.

1. Von einem Eierkarton schneidest du das passende Stück aus und bemalst es mit grüner Wasserfarbe. Während der Karton trocknet, bemalst du eine Wattekugel ebenfalls mit grüner Wasserfarbe und klebst dann beide Teile zusammen.

2. Nun schneidest du die Pfeifenputzer auf ca. 10 cm Länge ab, drückst sie in die Form von Füßen und klebst sie seitlich in die Vertiefungen des Eierkartons.

3. Aus Hexentreppen faltest du die Fühler. Für einen Fühler brauchst du zwei gelbe Tonpapierstreifen, die ca. 5 mm breit und 20 cm lang sind. Diese Streifen klebst du aneinander und faltest sie abwechselnd übereinander. Die Enden klebst du fest.

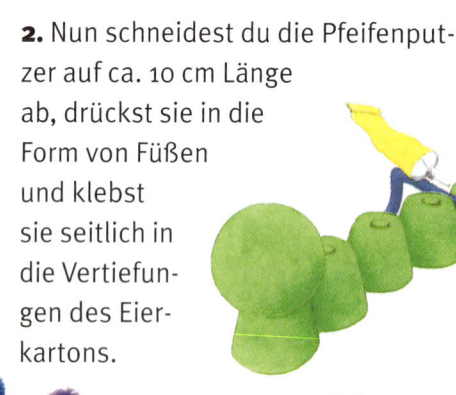

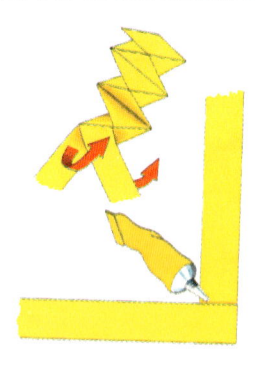

4. Wenn beide Fühler fertig gestellt sind, klebst du sie oben an die bemalte Wattekugel, also an den Kopf der Raupe.

5. Aus bunten Tonpapierresten schneidest du Augen, Nase und Mund zu, klebst die Teile auf die Wattekugel und gestaltest so das Gesicht.

Außerirdischen-Cocktails

Die Bewohner des Planeten Xselsia feiern gerne Feste. Egal ob es ein Geburtstagsfest, Hochzeitsfest oder ein anderer Anlass ist, alle sind mit Begeisterung dabei. Jeder bringt dann eine Kleinigkeit zu Essen oder zu Trinken mit. Besonders beliebt sind die Cocktails der Bewohner von Nord-Xselsia. Alle freuen sich schon auf diese leckeren Partygetränke. Selbst die Weltraumraupe Majo nascht gern von diesen Köstlichkeiten und trinkt mit Vorliebe die Reste aus den Gläsern.

Robot-Bananen-Cocktail

1. Zuerst schneidest du die Bananen in kleine Scheiben und zerdrückst sie mit der Gabel.

2. Gib diese Bananenmasse zusammen mit der Milch, dem Honig und dem Zitronensaft in eine Rührschüssel und mixe das Ganze zu einer schaumigen Milch.

3. Das fertige Getränk füllst du in die Gläser um und streust zur Dekoration Schokostreusel darüber.

Meteoriten-Cocktail

1. Nachdem du die Kiwis geschält hast, schneidest du sie in kleine Stücke.

2. Zusammen mit dem Zitronensaft, den Weizenkeimen und dem Honig verrührst du jetzt alles in der Rührschüssel.

3. Nun füllst du den Ananassaft und den Orangensaft dazu und mixt alle Zutaten. In die Gläser gießen und genießen!

Dekorationstipp:

Tauche vor dem Einfüllen der Getränke deine leeren Gläser mit dem Rand nach unten in Ananas- oder Zitronensaft und danach in Zucker, Kokosflocken oder in geraspelte Nüsse.

Robot-Bananen-Cocktail
Zutaten für
6–8 Gläser:
1 Liter Vollmilch
4 Bananen
2 Esslöffel Honig
etwas Zitronensaft
Schokostreusel zum Dekorieren

Meteoriten-Cocktail
Zutaten für
6–8 Gläser:
2 Kiwis
etwas Zitronensaft
1 Teelöffel Weizenkeime
1–2 Teelöffel Honig
½ Liter Ananassaft
½ Liter Orangensaft

Arbeitsgeräte:
Schneidebrett
Messer
Handmixer
hohe Rührschüssel
6 – 8 Gläser

Yeti

Der Yeti ist ein sagenumwobenes Wesen, um das sich viele Geschichten ranken. Dabei wird er mal als ein sehr scheuer und liebenswerter Geselle, in anderen Geschichten als furchteinflößender und rauer Bursche dargestellt, der den Wanderern in den Bergen auflauert und sie mit lautem Gebrüll erschreckt. Die Menschen, die den Yeti gesehen haben wollen, erzählen auch Unterschiedliches über sein Aussehen. Auch die angeblichen Yetispuren, die entdeckt wurden, unterscheiden sich in Größe und Form. Auf jeden Fall beflügelt dieses Fabelwesen die Fantasie der Menschen.

Elterntipp:
Spontaneität, Kreativität, Freude und Experimentierdrang der Kinder kann durch Malspiele sehr unterstützt werden. Zudem erlernen Kinder im Umgang mit Farbstiften, Kreiden und Pinsel gezielte Bewegungsabläufe zu steuern und zu koordinieren.

Wie sieht der Yeti aus?
Kinder stellen sich den Yeti ganz unterschiedlich vor: mit großen Füßen oder Händen, sehr haarig am Körper und im Gesicht, mit zotteligem Fell oder großen Ohren. Ob er einen Bart hat? Schaut er einem Affen ähnlich? All das sind Fragen, die auch die Kinder beschäftigen, wenn sie Geschichten über den Yeti hören.
Diesen scheuen, lustigen, traurigen, oder wilden Gesellen zu malen und dabei die unterschiedlichen Vorstellungen zu Papier zu bringen, macht den Kindern sehr viel Spaß.

Ina, 9 Jahre

Anna, 5 Jahre

Buchstabenschnipsel-Spiel

Ist der Yeti ein Fabelwesen oder gibt es diesen Schneemenschen wirklich? Einige wollen ihn schon gesehen haben, hoch oben im Himalajagebirge. Dort gibt es die höchsten Berge auf der Erde. Der Yeti ist allerdings ziemlich scheu und vermeidet jeden Kontakt zum Menschen. So wissen wir eigentlich nicht viel über ihn und können, wenn es ihn denn wirklich geben sollte, nur Vermutungen über seine Lebensgewohnheiten anstellen.

Material:
alte Zeitungen und Illustrierte
Schere
Papier, DIN A4
Teilnehmer:
Spielleiter
mindestens 6 Kinder

Der Spielleiter teilt die Mitspieler in mindestens zwei große Gruppen ein und stellt jeder Mannschaft ein paar alte Zeitungen und Illustrierte, eine Schere, ein leeres Blatt Papier (DIN A4) und Klebstoff zur Verfügung. Er erzählt nun den Kindern vom Yeti, einem Wesen, halb Mensch, halb Tier und gibt dann den Spielgruppen zum Beispiel einen der folgenden Sätze vor:

Der Yeti ist sehr stark, doch scheu, er frisst am liebsten duftendes Heu.

Der Yeti mag sich über Kälte nicht beklagen, sein dickes Fell schützt ihn an kalten Tagen.

Der Yeti ist größer als eine Kuh und seine Füße passen in keinen Schuh.

Die Aufgabe für jede Mannschaft besteht nun darin, innerhalb einer vorgegebenen Zeit (zum Beispiel 10 Minuten) diesen Satz buchstaben- oder wortweise aus ihrem Zeitungsmaterial auszuschneiden und auf das leere Blatt Papier zu kleben. Große Buchstaben oder Wörter aus Überschriften eignen sich besonders gut dafür. Wer aufmerksam liest, findet in seinen Zeitungen und Illustrierten oft schon ganze Wörter, die er für diesen Satz verwenden kann und spart somit viel Zeit. Welche Mannschaft hat in der vorgegebenen Spielzeit ihre Aufgabe zuerst erfüllt? Geschwindigkeit ist aber nicht alles! Der Spielleiter bewertet auch, ob die Buchstaben schön ausgeschnitten und aufgeklebt werden.

Begegnung mit dem Yeti

Material:
Bergsteiger
ausgedienter
Wollhandschuh
bunte Wollreste
Nadel

Yeti
zwei gleich große
Webpelzstücke (jedes
mindestens 12 x 6 cm)
Nadel und Faden
Glasaugen oder
Perlen
Plastiknase oder
Knopf
Lederreste
Klebstoff

Tipp:
Natürlich kann der Yeti auch aus anderen Materialien gestaltet werden.

Fingerspiele begeistern besonders die Kleinen. Voller Spannung verfolgen sie das Geschehen. Durch diese Spiele wird die Merkfähigkeit und die Konzentration der Kinder verbessert. Spielerisch erweitern sie ihren Wortschatz und schulen ihr Sprachvermögen. Die Figuren zum folgenden Fingerspiel können von den Kindern selbst hergestellt werden.

Herstellung der Bergsteiger

1. Mit Wollresten in verschiedenen Brauntönen gestaltest du die Haare der Spielfiguren. Dazu ziehst du die Wolle durch die Fingerspitzen des Handschuhs, verknotest sie und schneidest sie auf die passende Länge zurecht. Verschiedene Frisuren gestaltest du, indem du die Wollreste an einem Finger fest annähst und an anderen locker in Schlingen stehen lässt.

2. Mit bunten Wollresten stickst du die Gesichter auf. Der Bart wird in verschiedenen Formen passend zur Haarfarbe aufgenäht.

Herstellung des Yeti

1. Nähe die Webpelzteile von links so zusammen, dass unten eine Öffnung für die Finger bleibt. Danach wendest du den Stoff.

2. Die Glasaugen oder Perlen werden als Augen festgenäht oder angeklebt. Eine im Fachhandel erhältliche Plastiknase wird nun angeklebt, wobei ein angenähter Knopf diesen Zweck ebenso erfüllt.

3. Zum Schluss schneidest du Ohren aus Lederresten zu und befestigst diese oben am Kopf. Fertig ist der Yeti!

Fingerpuppenspiel

*Fünf Bergsteiger erklommen einen Berg im Nu
und machten am Gipfel Rast in aller Ruh.
Sie brachten sich Essen und Trinken mit von zu Haus,
als plötzlich der Kleinste rief: „Schaut einmal her, oh Graus!"
Denn der Yeti saß dort oben und blickte ganz keck,
die Männer bekamen einen großen Schreck.
Sie rannten ins Tal, so schnell wie noch nie,
ihre Brotzeit am Berg, die vergaßen sie.
Der Yeti aber sagte: „Wie nett die doch sind,
sie bringen mir Essen und Trinken geschwind!
Doch so schnell wie sie kamen an diesen schönen Ort,
konnte ich mich nicht einmal mehr bedanken,
schon waren sie wieder fort!"*

Elterntipp:
Zu den Fingerpuppen können natürlich auch andere Geschichten, Reime und Spiele ausgedacht werden.

Regieanweisung
Die Bergsteiger klettern am Körper entlang auf den Kopf. Der Yeti in der anderen Hand wird hinter dem Kopf gehalten und erst bei dem Satz: „Schaut einmal her, oh Graus!" vorgezeigt. (Danach werden die Bergsteiger schnell nach unten geführt und hinter dem Rücken versteckt.)

Zirkus

Ein Zirkus, der mit Akrobaten, Clowns, großen und kleinen Tieren von einem Ort zum anderen zieht, hat vor allem bei den kleinsten Zuschauern nichts von seiner Faszination verloren. Gebannt blicken die Kinder in die Manege und beklatschen lustige, originelle und spannende Darbietungen der Zirkuskünstler. Ihre Lieblinge sind meist die Clowns, die dem Zirkusdirektor immer wieder lustige und freche Streiche spielen und die Zuschauer somit zum Lachen bringen. Staunend betrachten sie aber auch Elefanten, Pferde und andere Tiere, die, fast zum Greifen nah, in der Manege ihre Kunststücke vollbringen.

Material:
**selbsthärtende
Modelliermasse
Modellierholz
Wasser
abwaschbare
Unterlage
Bleistift
Plakafarben, Pinsel
Sprühlack**

Die Zirkusfamilie Erverado

Endlich ist es wieder so weit! Große Plakate, die in den Straßen aufgehängt werden, verkünden, dass der Zirkus Erverado wieder einmal ein Gastspiel in der Stadt gibt. Erwachsene und Kinder laufen zum Festplatz, um die bunten Zirkuswagen, die exotischen Tiere und vor allem die lustigen Clowns zu sehen. Aufgeregt warten dann die Zuschauer auf den Auftritt der weltberühmten Artistenfamilie Erverado, der Clowns, der Seiltänzer und der Dompteure, die mit ihren wilden Tieren tolle Kunststücke vorführen.

Aus Ton oder Modelliermasse können die Kinder ihre eigenen Zirkusfiguren herstellen und damit anschließend eine Zirkusvorstellung geben. Was wäre ein Zirkus ohne Dressurnummer mit wilden Tieren? Hier führt Zirkusdirektor Ervedo Erverado höchstpersönlich aufregende Kunststücke mit dem Elefanten, dem gefährlichen Tiger und dem klugen Seehund vor. Alle Zuschauer halten den Atem an, wenn Ervedo Erverado seinen Kopf in das große Maul des Tigers steckt und danken es ihm und seinen Tieren mit einem tosenden Applaus.

Tipp:

Die im Handel erhältlichen Modelliermassen sind sofort gebrauchsfähig. Mit diesen Werkstoffen lässt es sich gut arbeiten und die fertigen Stücke müssen nicht wie aus Ton gearbeitete Werke in einem speziellen Brennofen gebrannt werden. Die Modelliermasse, wie zum Beispiel Keramiplast, erhärtet an der Luft und ist so hart und widerstandsfähig wie gebrannter Ton.

Seehund

1. Am einfachsten zu formen ist der Seehund. Aus einer dicken Rolle ziehst du den Schwanz und den Kopf heraus und drückst sie in Form.

2. Aus dünnen Rollen formst du nun die Beine und die Schwanzflosse und drückst sie fest an den Körper. Dabei ist es wichtig, besonders die Ränder gut zu verstreichen, die Ansatzstellen mit dem Modellierholz aufzurauhen und mit etwas Wasser zu verstreichen. Nur ein festes, sorgfältiges Anfügen der Einzelteile verhindert nach dem Trocknen, dass diese Teile wieder abbrechen.

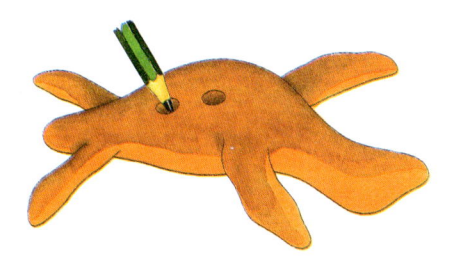

3. Damit der Trockenvorgang gleichmäßiger vor sich geht und um Risse zu vermeiden, stichst du mit einem Bleistift von unten Löcher in den fertigen Körper.

Tiger

1. Der Körper des Tigers entsteht auch aus einer dickeren Kugel, die du entsprechend in Form bringst. Aus dieser Kugel ziehst du die Beine heraus.

2. Aus einer kleineren Kugel formst du den Kopf und arbeitest Ohren, Mund und Nase heraus.

3. Beide Teile verbindest du und verstreichst sie fest miteinander. Auch hier ist es wichtig, alle Verbindungsstellen sorgfältig zu bearbeiten, um ein späteres Abfallen der Teile zu vermeiden. In den Körper des Tigers stichst du unten mit Bleistift ein Loch ein.

4. Aus einer Rolle formst du den Schwanz und verbindest ihn sorgfältig mit dem Körper des Tigers.

Elefant

1. Forme eine größere Kugel für den Körper und höhle sie mit dem Modellierholz etwas aus.

2. Für den Kopf formst du nun eine kleinere Kugel und verbindest beide Teile fest miteinander. Mit den Fingern verstreichst du die Grundform.

3. Der Elefant muss stämmige Beine erhalten, die du aus einer dickeren Rolle formst und am Körper anbringst.

4. Für die Ohren verwendest du zwei Scheiben der Modelliermasse, die du seitlich bis zur Hälfte fest an den Kopf drückst. Den angedrückten Teil glättest du mit Wasser und erst wenn die Ohren mit dem Kopf gut verbunden sind, biegst du sie nach außen.

5. Nun formst du die Augen aus kleinen Kugeln, drückst sie, mit Wasser befeuchtet, fest an und verstreichst sie. Den Rüssel und die Stoßzähne formst du aus Rollen und verbindest sie fest mit dem Kopf.

6. Mit einem Bleistift stichst du hinten ein kleines Loch hinein, in das du nach dem Trocknen der Figur ein Stück Bindfaden für den Schwanz klebst.

Zirkusdirektor

1. Ein bisschen mehr Zeit und Geschick erfordert der Zirkusdirektor. Aus fingerdicken Wülsten wird die Grundform des Körpers aufgebaut. Dazu rollst du gleichmäßig Wülste aus und legst diese kreisförmig übereinander. Diese Wülste musst du gut miteinander verbinden. Verstreiche dabei innen und außen die Wände mit angefeuchteten Fingern.

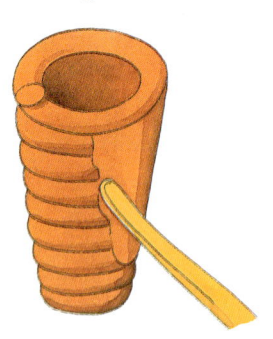

2. Um dem Körper die richtige Form zu geben, versetzt du diese Wülste bis zur Mitte der Figur immer ein wenig weiter nach außen. Bis zur Schulterhöhe setzt du dann die Wülste senkrecht, also genau übereinander an. Mit dem Modellierholz drückst du nun die Beine in Form. Der Körper wird nun insgesamt mit der flachen Hand leicht zusammengedrückt, so entsteht eine flachere

Hohlform. Diese Grundform lässt du kurze Zeit antrocknen, damit sie stabil wird und bei der weiteren Verarbeitung nicht umknickt.

3. Nun schneidest du mit dem Modellierholz aus einer Platte den Frack des Direktors zu. Du kannst ihn aus einem Stück ausschneiden oder Vorder- und Rückseite zurechtformen. Die Arme setzt du extra an. Diese Teile verbindest du mit der Hohlform. Achte dabei darauf, das Schulterteil zu schließen.

4. Aus Rollen formst du die Arme und verbindest sie sorgfältig mit dem Körper. Alle Ansatzstellen verstreichst du dann wieder gut miteinander.

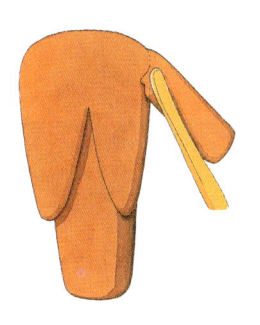

5. Den Hals baust du ringförmig aus Wülsten auf und setzt darauf eine kleine Kugel als Kopf. Nun formst du die Einzelheiten wie Augen, Nase, Bart und Haare und bringst sie an. Den Zylinderhut des Direktors formst du aus einer dickeren Rolle, deren Enden du als Hutkrempe herausziehst. Lasse ihn dann extra trocknen und klebe ihn später bemalt auf die fertige Figur.

6. Zum Schluss formst du Hände und Füße und verbindest sie sorgfältig mit den entsprechenden Teilen der Figur. Da die Hohlform jetzt geschlossen wird, ist es besonders wichtig, mit Bleistift Löcher unten am Fuß anzubringen, um ein gleichmäßiges Trocknen der Figur zu ermöglichen. Die Trockenzeit beträgt einige Tage und sollte an einem kühlen Ort stattfinden. Dadurch werden Risse vermieden.

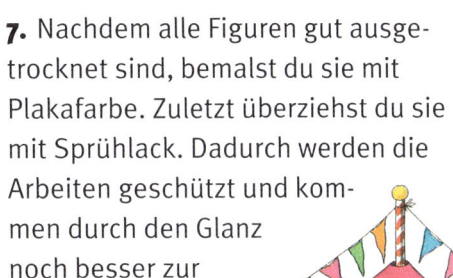

7. Nachdem alle Figuren gut ausgetrocknet sind, bemalst du sie mit Plakafarbe. Zuletzt überziehst du sie mit Sprühlack. Dadurch werden die Arbeiten geschützt und kommen durch den Glanz noch besser zur Geltung.

Wir kommen in die Stadt!

Material:
**Karton-, Wellpappen-, Woll- und Vorhangstoffreste,
Tapetenreste mit Struktur,
Tortenspitze,
Gummiringe etc.
Grundplatte aus Pappe für den Druckstock (mindestens DIN A4)
Bleistift, Schere, Klebstoff, Druckfarbe
Glasplatte oder feste Folie, Handwalze
saugfähiges Zeichenpapier
Zeitungspapier als Unterlage**

Tipp:
Der Druckstock ist mehrmals verwendbar, bevor sich die einzelnen Materialien ablösen. Auf diese Weise können zu verschiedenen Themen wunderschöne Bilder oder Grußkarten gestaltet werden.

> Damit jeder weiß, dass der Zirkus Erverado wieder in der Stadt ist, werden an vielen Plätzen Plakate aufgehängt. Wichtige Leute wie der Bürgermeister oder der Pfarrer bekommen höchstpersönlich eine Einladungskarte. Silviano, der Werbefachmann im Zirkus, stellt diese Plakate und Karten hinter seinem Zirkuswagen aus einfachen Mitteln her.

1. Sammle die verschiedenen Materialien zusammen und achte dabei darauf, dass die Materialhöhen nicht zu unterschiedlich sind.

2. Auf dem Druckstock, der Grundplatte aus Pappe, ordnest du die zugeschnittenen Teile zu einem Bild an. Die Haare kannst du aus Wollresten gestalten, Kleidung und Körper aus Tortenspitzen oder Stoffresten. Augen, Nase und Mund schneidest du aus Tapeten- oder Kartonresten zu, Augenbrauen oder andere Einzelheiten machst du aus Gummiringen oder Wollresten.

3. Lege die einzelnen Teile auf die Grundplatte, klebe alles fest und lasse es kurz antrocknen.

4. Als Unterlage legst du Zeitungspapier aus, bevor du mit der Farbe arbeitest. Die Druckfarbe gibst du auf eine glatte Fläche (Glasplatte oder Folie) und verteilst sie mit der Handwalze. Zwei unterschiedliche Farben miteinander verrieben, ergeben die jeweilige Mischfarbe.

5. Mit der eingefärbten Handwalze rollst du nun die Farbe gleichmäßig auf dem Druckstock aus.

6. Nun legst du das Zeichenpapier vorsichtig auf den Druckstock und streichst mit der Handfläche fest über das Papier. An einer Ecke ziehst du das Blatt langsam ab und kannst den ersten Abdruck betrachten.

Manege frei!

In diesem Zirkus der Tiere können die Zuschauer unglaubliche Kunststücke und wagemutige Artisten bewundern. Bei den Darbietungen kann es schon mal vorkommen, dass etwas danebengeht. Von solchen lustigen Pannen handelt folgendes Lied.

Text: Werner Tenta
Melodie: Andreas Altstetter

Ref.: Wir feiern heut ein Zirkusfest,
macht die Manege frei.
Sensationen, wilde Tiere, all das
ist dabei.

1. Das Nilpferd Rosalind kann fliegen,
wie ihr es noch nie erlebt,
nur, wenn es dann zur Landung ansetzt,
die ganze Erde bebt.

2. Der Affe Reini fährt Motorrad, schnell
im Zirkussand umher,
doch plötzlich plumpste er herunter,
denn der Benzintank war nun leer.

3. Die Schlange Elsbeth war begeistert
von sich selbst beim Ringeltanz
und die Kinder klatschten Beifall, als sie
verknotete den Schwanz.

4. Die Maus Mirella balancierte auf ihrer
Nase einen Ball
und jonglierte mit drei Nadeln, bis es
kam zum großen Knall.

Register

Abc-Lernspiele
Lautspiele 8
Abc-Memory 9
Abc-Collage 10
Abc-Legespiel 11
Abc-Quartett 12
Abc-Lied 13
Buchstaben – Bingo 32
Berührungs-Abc 35
Kreisspiel 35
Tastspiel 35
Buchstaben ertasten 36
Das Schlaraffenbaumspiel 83
Zauberspiel mit Buchstaben 92
Wortspiele 120
Buchstaben-Bild-Collage 128
Der Fehlerfresser 128

Basteln
Blühender Kaktus 15
Biene Ina 16
Clowns aus Papprollen 21
Jonglierbälle 23
Plakat und Einladungskarte 25
Holzcollage 28
Stoffbild 30
Faschingsschmuck 40 ff.
Moritz, das kleine Gespenst 50
Hexe Christophera 57 ff.
Indianerkopfschmuck 60
Kokosnussfiguren 66 f.
Drahtbuchstaben 68 f.
Max, der wilde Kobold 76 f.
Kobold-Musikkapelle 78
Buchstaben weben 85
Die Wahrsagerin Esmeralda 88 f.
Magische Wandtafeln 95
Eier marmorieren 104 f.
Serviettenhalter 106 f.
Osterhasen 107
Der Postschalter 110 f.
Briefpapier gestalten 112
Briefmarken herstellen 113

Das Briefumschlagtheater 130
Handpuppen aus Socken 131
Spieluhr 138 ff.
Die Sonnenuhr 142
Gestrickte Fingerpuppen 146
Vogeldame Violetta 150 f.
Fensterschmuck 154
Die Weltraumraupe Majo 162
Begegnung mit dem Yeti 166
Die Zirkusfamilie Erverado 168 ff.

Collagen
Abc-Collage 10
Reißbilder 20
Holzcollage 28
Stoffbild 30
Buchstaben-Bild-Collage 128
Der Fehlerfresser 128

Drucktechniken
Tulpenbeet 18
Geisterspuk 52
Zauberspiel mit Buchstaben 92
Wir fliegen in den Süden 149
Wir kommen in die Stadt! 172

Lieder
Das Abc-Lied 13
Drachenkinderlied 29
Der Tanzwurm 45
Geisterkanon 49
Hexenlied 55
Der kleine Zi-Za-Zauberer 94
Verrückte Welt 116
Der kleine Dinosaurier 134
Manege frei! 173

Rätsel, Reime, Wortspiele
Geisterballrennen 48
Verdrehte Welt 54
Wo hörst du ein H? 54
So vergeht das Jahr 75
K-Rätsel 79

Der Magier Mamuschel 90
Magische Wandtafeln 95
Überleg mal! 99
Denk nach! 108
Zungenbrechersätze mit P 109
Wo hörst du ein P? 109
Schimpfwörter-Abc 114
Wortspiele 115
Unsinn-Geschichte 115
Zungenbrechersätze mit R 118
Wortspiele 120
Abc-Spiel 120
Geschichten erfinden 121
Wer weiß es? 124
Reimwörter 125
Verschiedene Uhren 143
Was ist das? 144
Die Buchstabenrakete 158

Rezepte
Fischfutter 39
Weihnachtsbäckerei 155
Außerirdischen-Cocktails 163

Spiele für drinnen und draußen
Jonglieren 23
Clownwürfeln 26
Kreisspiel 35
Namenssuche 44
Vorsicht, der Geist erwacht! 46
Geisterjäger 47
Geisterballrennen 48
Ein Geist – zwei Augen – huuh! 48
Tanz der Indianer 61
Indianer auf der Jagd 62
Das Indianerschatz-Spiel 63
Kampf der wilden Krieger 64
Länderball 81
Eine Reise nach China 82
Die Raupe 117
Die Räuberbande Ratzefatz 119
Der Schatz in der Räuberfestung 123
Die Schweinchen-Hochzeit 132
Schwarzlicht-Vorführung 135 ff.
Die innere Uhr 140
Pantomime 140
Uhrgeräusche 141 f.

Ziep und Piep 147
Weihnachtskalender 156
Spiele zur Weihnachtszeit 157
Die Buchstabenrakete 158
Der Flug zum Planeten Xselsia 159
Märchensalat 160
Märchen-Ratespiel 161
Buchstabenschnipsel-Spiel 165
Fingerpuppenspiel 167

Suchspiele
Buchstaben fressende Blumen 14
Clowntruppe Erverado 27
Drache Fabian und seine Freunde 33
Kleidung und Ausrüstung 34
Faschingsumzug 38
Die Waldhexe Isebith 56
Indianer „Schwarzes Rabenauge" 65
Im Frühjahr 70
Im Sommer 71
Im Herbst 72
Im Winter 73
Der Jahreslauf 74
So vergeht das Jahr 75
Schau genau! 80
Mamuschels Zauberhut 91
O-Figuren 102 f.
Auf der Flucht 122
Diebische Elster 148
Zugvögel 148
Bescherung 152

Zeichnen, Malen, Schwungübungen
Buchstabenlandschaft 87
Magische Wandtafeln 95
Kontraste 96
Türschild 97
Nacht im Orient 98 f.
Nachtfahrt am Sternenhimmel 100 f.
O-Figuren 102 f.
Briefmarken herstellen 113
Schwungübungen 126
Zeichnen mit dem „U" 144
Weihnachtskarten 153
Der Flug zum Planeten Xselsia 159
Wie sieht der Yeti aus? 164

Im FALKEN Verlag sind zahlreiche Titel zum Thema „Kinderbeschäftigung" erschienen.
Sie sind überall dort erhältlich wo es Bücher gibt.

Von denselben Autoren ist im FALKEN Verlag bereits erschienen:
Kicherhexen und Vampire – Kinder basteln und spielen mit Fantasie (7383)

Sie finden uns im Internet: **www.falken.de**

Der Text dieses Buches entspricht den Regeln der neuen deutschen
Rechtschreibung.

Dieses Buch wurde auf chlorfrei gebleichtem und säurefreiem Papier gedruckt.

Wir bedanken uns bei Kornelia Küster, Maria Küster, Rosa Baierl, Ina Plettenberg, Franziska Angermeier, Melina und Margit Neu, Christoph und Tanja Schmid für die Mithilfe beim Basteln und Malen für dieses Buch. Ganz besonders bedanken wir uns bei unserer Tochter Anna-Maria, die mit unermüdlichem Eifer gemalt, gebastelt und ihre Ideen eingebracht hat. Dank auch an Herrn Anton Angermeier für die vielen guten Ratschläge und Korrekturarbeiten.

ISBN 3 8068 7522 7

© 2000 by FALKEN Verlag, 65527 Niedernhausen/Ts.
Die Verwertung der Texte und Bilder, auch auszugsweise, ist ohne Zustimmung des Verlags urheberrechtswidrig und strafbar. Dies gilt auch für Vervielfältigungen, Übersetzungen, Mikroverfilmung und für die Verarbeitung mit elektronischen Systemen.

Umschlaggestaltung: Peter Udo Pinzer
Redaktion: Uta Koßmagk
Gestaltung und Herstellung: Petra Becker
Titelbild: Susa Kleeberg und Friedemann Rink, Wiesbaden
Fotos: Georg Drexel, Krumbach
Zeichnungen: S. 1, 4–8, 11, 14, 16, 21, 28/29, 33–35, 38, 43, 45–48, 54–56, 60–65, 68, 70–76, 80/81, 88 oben, 90/91, 94, 96 oben, 102 oben, 108/109, 111, 114 oben, 118–123, 124 oben, 125, 130, 134, 137, 138 oben, 140/141, 146 oben, 152, 156–158, 159 oben, 160/161, 163, 164, 168: **Ulrike Selders,** Köln; S. 9, 12/13, 15, 17, 19, 21–24, 26/27, 32, 36, 40–42, 44/45, 49–51, 53 oben, 57/58, 60 unten, 66, 67 oben, 68, 69 oben, 78/79, 82–85, 86 oben, 88 unten, 92–95, 99–101, 102 unten, 103 unten, 104, 107, 110, 112, 114 unten, 115–117, 124 unten, 126/127, 131, 135, 138 unten, 139, 142, 146 unten, 148, 150, 154/155, 159, 162, 165, 167, 169–173: **Werner Schultze,** B-Lontzen-Busch
Lieder/Texte: Werner Tenta, Mindelzell; Melodie: Werner Tenta und Andreas Altstetter, Mindelzell
Notensatz: Jürgen Krekel, Ober-Olm

Die Ratschläge in diesem Buch sind von den Autoren und vom Verlag sorgfältig erwogen und geprüft, dennoch kann eine Garantie nicht übernommen werden. Eine Haftung der Autoren bzw. des Verlags und seiner Beauftragten für Personen-, Sach- und Vermögensschäden ist ausgeschlossen.

Gesamtkonzeption: FALKEN Verlag, D-65527 Niedernhausen/Ts.

A B C
G H I J
N O P
U V W